J新書 19

学校では教えてくれない英語表現333

絶対使える
カジュアル☺イングリッシュ

山崎 祐一
Yamasaki Yuichi

Jリサーチ出版

はじめに

■今までの英語力でネイティブスピーカーと渡り合えないのはなぜ？

　私たちは中学・高校で英単語や英熟語を必死に覚えてきました。一生懸命に覚えて単語テストもバッチリ、長文読解もそれなりにできるようになり、政治や経済に関する英語の記事までも読めるようになった方もいらっしゃるかと思います。にもかかわらず、ハリウッド映画どころか日常会話でさえ、「はぁ〜？意味がわからない！」「初めて聞く、その単語！いったいどういう意味なの!?」と思った経験はありませんか。それは、日常会話の中には学校では教えてくれない英語表現がたくさん含まれているからなのです。学校の教科書は、いわゆる「正しい」「標準的な」言葉や表現を教えてくれます。ところが、日常会話では、私たち人間は時に「粋な」言葉を使ってみたり、男性はわざと「男らしい」表現を使って自分のアイデンティティを示そうとします。

■学校では教えてくれない日本語もたくさんある

　これと似たようなことを、日本語を学んでいる外国の人たちからもよく耳にします。例えば、外国の人のために書かれた日本語の教科書には、「やばい」も出てこなければ、「めっちゃ」も出てきません。確かに非常にくだけた言い方で、時には「そんな言葉は使ってはいけません」と言われそうな単語です。しかし、日常のテレビを見ていても、映画を見ていても、友だちと会話をしていても、年齢での差は多少あるかもしれませんが、普段の日常会話では、かなり幅広い範囲で使われていることに異論を唱える人は少ないでしょう。

「でっかい」「元カレ」「ちくる」「へまをする」「ビビる」なども同じです。教科書には出てきませんが、日常的にはよく使われますし、むしろ自然に聞こえる場合も多いのです。

■教科書には出てこないワンランクアップの英語表現をマスターしよう

　例えば、上の5つの単語やフレーズを英語で言えますか。「でっかい」は humongous、「元カレ」は ex、「ちくる」は squeal、「へまをする」は blow it、「ビビる」は freak out です。このように日常の英会話では、教科書には出てこないカジュアルな単語やフレーズが普通に使われているのです。これらをたくさん覚えることでリスニング力も向上しますし、ネイティブスピーカーが話すような自然な、そしてワンランクアップの英会話ができるようになるのです。

　本書を通して、学校では教えてくれない英語表現を、実際のダイアログの中で体感し、それぞれのイメージをつかんでほしいと思います。そして、それらを少しずつ自分の語句のレパートリーに入れていき、ネイティブスピーカーと上手く渡り合える英会話術を身につけていただくことが筆者の切なる願いです。

山崎　祐一

Contents

はじめに …………………………………… 2
本書の利用法 ……………………………… 6

第 1 章 Daily Convo 1

仕　事 ……………………………………… 8
学校生活 …………………………………… 18
食　事 ……………………………………… 28
買い物 ……………………………………… 36

第 2 章 Daily Convo 2

お　金 ……………………………………… 44
交通・移動 ………………………………… 54
治　安 ……………………………………… 61

第 3 章 Sup?

パーティー・飲み会 ……………………… 70
交　友 ……………………………………… 77
コミュニケーション ……………………… 83
ひとこと …………………………………… 91

コラム 1：TV dinner は独身の強い味方 ………………………………… 96

第 4 章 So Sweet!

感　情 ……………………………………… 98
恋　愛 ……………………………………… 104

コラム 2：サーティーワン・アイスクリームでは通じない？ ………… 112

第 5 章　Facepalm!

　　　　　　モ　ノ …………………………………………… 114
　　　　　　からだ …………………………………………… 115
　　　　　　性　格 …………………………………………… 118
　　　　　　動　作 …………………………………………… 130

コラム 3：日本語とは違う野球用語 ………………………………… 142

第 6 章　Cats and Dogs

　　　　　　程　度 …………………………………………… 144
　　　　　　人の状態 ………………………………………… 151
　　　　　　物事の状態 ……………………………………… 160

第 7 章　Ready, Set, Go!

　　　　　　旅　行 …………………………………………… 172
　　　　　　娯　楽 …………………………………………… 176
　　　　　　スポーツ ………………………………………… 183

＜巻末付録＞　　　学校では教えてくれない 3 つのこと
　　　　　　　　　1.　頭文字語・短縮語 ………………………… 187
　　　　　　　　　2.　顔文字 ……………………………………… 189
　　　　　　　　　3.　擬音語・擬態語 …………………………… 190
INDEX ……………………………………………………………… 193

本書の利用法

> 見出し語は全部で333個あります。

> CDのトラック番号を示しています。02の場合は、2トラック目ということです。

> 見出し語が1語のものには発音記号がつきます。

> ポイント解説です。類語やフレーズの紹介もします。

> 実際に、耳で聞くとどのように聞こえるかをカタカナで示しています。

□ **sack**　　くびにする

【sæk】　　こう聞こえる！　サック

TIPS dismiss（解雇する）のくだけた言い方です。「くびにする」はfireという言葉もよく使います。名詞として使って give him the sack（くびにする）とか get the sack（くびになる）とも言えます。

A: What happened to the guy who took bribes?
B: He was sacked. He was a diligent worker. I feel sorry for him.

A: あの賄賂受け取ってたっていう人どうなったの？
B: くびになった。努力家だったんだけどね。かわいそう。

□ **asap**　　できるだけ早く

【éisæp】　　こう聞こえる！　[エイサップ]

TIPS asapはas soon as possible（できるだけ早く、ただちに）の頭文字語で副詞的に使います。ASAPと大文字で書くこともあり、「エイサップ」と言ったり「エイエスエイピー」と言ったりします。

A: The rough draft is almost ready, Mr. Williams.
B: Good. When it's done, fax it to me asap.

A: ウィリアムスさん、草稿がもうすぐできあがります。
B: よかった。できあがったら、できるだけ早くファックスしてくれ。

第1章 Daily Convo 1

仕事　009

> 見出し語が何に関する言葉なのかを示しています。

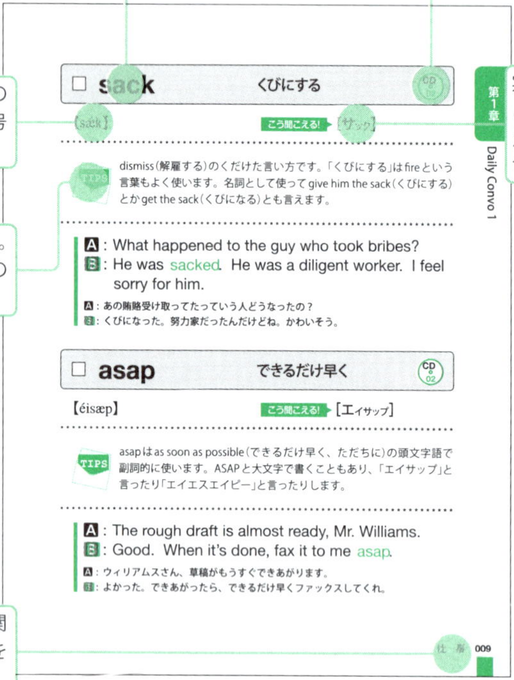

見出し語、意味、ダイアログ（英語のみ）の順で収録されています。
CDで自然な発音を聞き、声に出して言ってみましょう。
リスニング力もぐんとアップします。

第 1 章

Daily Convo 1

convoは、conversation(会話)の略語です。Daily Convo は日常会話という意味ですね。この章では、日常生活の中で出てくる英語表現を紹介します。

仕　事
学校生活
食　事
買い物

TGIF　　やっと金曜日だ

【tíːdʒíːáiéf】　　こう聞こえる! ▶ [ティージーアイエフ]

TIPS Thank God It's Friday.（神様ありがとう、今日は金曜日だ）の頭文字語です。その週の仕事を終えて、週末がやってくることの喜びや安堵感を表す言葉です。

A: TGIF, huh?
B: Yeah. Let's go have a drink!

A：やっと金曜日ね？
B：そうだね。飲みに行こうよ！

hang　　コツ

【hǽŋ】　　こう聞こえる! ▶ [ハン(グ)]

TIPS 「コツをつかむ」とか「慣れる」と言いたいときにhangは便利です。get the hang of ～の形で用います。「慣れる」という意味ではget used to ～でもOKです。

A: This work is difficult for me.
B: Well, it should become easier once you get the hang of it.

A：この仕事は私には難しいです。
B：一度コツをつかめば簡単なはずですよ。

□ sack　　くびにする

【sǽk】　　　　　　　　こう聞こえる！▶ [サック]

dismiss（解雇する）のくだけた言い方です。「くびにする」はfireという言葉もよく使います。名詞として使ってgive ~ the sack（~をくびにする）とかget the sack（くびになる）とも言えます。

A: What happened to the guy who took bribes?
B: He was sacked. He was a diligent worker. I feel sorry for him.

A: あのわいろ受け取ってたっていう人どうなったの？
B: くびになった。努力家だったんだけどね。かわいそう。

□ asap　　できるだけ早く

【éisæp】　　　　　　　こう聞こえる！▶ [エィサップ]

asapはas soon as possible（できるだけ早く、ただちに）の頭文字語で副詞的に使います。ASAPと大文字で書くこともあり、「エイサップ」と言ったり「エイエスエイピー」と言ったりします。

A: The rough draft is almost ready, Mr. Williams.
B: Good. When it's done, fax it to me asap.

A: ウィリアムスさん、草稿がもうすぐできあがります。
B: よかった。できあがったら、できるだけ早くファックスしてくれ。

□ square peg in a round hole　不適任者

こう聞こえる！ ▶ [スクウェアーペーグィナラウンホゥオ]

直訳すると「丸い穴の四角い栓」です。丸い穴には四角い栓は合いませんね。つまり、自分に合った仕事をしていない人の言い回しです。でもこの世の中、このような人たちはたくさんいるものです。生活のためとはいえ、もったいないことですね。

A: Takashi really wanted to be an artist, but now he works for a bank.
B: It's a shame that he's a square peg in a round hole.

A: タカシは本当はアーティストになりたかったんだけど、今は銀行で働いてるんだよね。
B: 向いてない仕事をしているなんて残念だな。

□ on the ball　有能な

こう聞こえる！ ▶ [アンダボーオ]

「能力がある」「よく理解している」「詳しい」というほめ言葉として使います。下の例文にあるbrainの本来の意味は「脳」ですが、略式の使い方で「秀才」とか「知的な人」という意味でもあります。

A: Alex is a brain.
B: Yeah, he's on the ball.

A: アレックスは秀才だ。
B: そう。本当に有能だよね。

□ xerox　　コピーする

【zíərɑks】　　　　　　　　　　　こう聞こえる！ ▶ [ズィーラーックス]

Xerox（ゼロックス）は本来は商標ですが、「コピーする」という動詞でも使われるようになりました。書く場合はxを小文字にします。copyは「手で書き写す」ことにも使いますので、コピー機を使う場合、xerox、またはmake a (photo)copyがベターです。

A: Could you xerox these for me?
B: Sure. How soon do you need them?

A: これらをコピーしてもらえませんか。
B: いいですよ。いつまでに必要ですか。

□ aloha Friday　　ラフな格好をする金曜日

こう聞こえる！ ▶ [アロゥハフライディ]

casual Fridayとも言います。アロハシャツのようなカジュアルな格好で仕事をする金曜日のことです。でもハワイではアロハシャツは一種の正装とも考えられています。アロハシャツにスラックスをはいても何の不自然さも感じられません。一度試してみては？

A: Everybody in your company is wearing casual clothes today!
B: It's aloha Friday, you know.

A: あなたの会社では今日はみんなカジュアルな服を着ていますね！
B: 今日はアロハフライデーですから。

go-ahead　　ゴーサイン

【góuəhèd】　　　　　　　　こう聞こえる！ ▶ [ゴゥアヘッ]

Go ahead.と言うと「お先にどうぞ」という意味になりますが、名詞としては、「ゴーサイン」「仕事に対する開始の許可」という意味で使います。英語でgo signとは言いません。green lightという言い方もあります。青信号ですから「先に進む」というイメージですね。

A: What did the committee members say?
B: I got the go-ahead!

A: 委員会のメンバーの意見はどうだった？
B: ゴーサインもらったよ！

big shot　　お偉いさん

こう聞こえる！ ▶ [ビグシャッ]

「要人」など大物のことです。いわゆるVIPですね。VIPは「ヴィップ」ではなく「ヴィーアイピー」と発音するのが普通です。「大物」にはbiggieという言葉もありますよ。

A: Look at all those fancy black cars in front of the hotel!
B: There must be some big shots paying a visit.

A: ホテルの前に停まっている黒塗りの高級車見てよ！
B: きっとお偉いさんたちが来てるんだよ。

□ **all tied up** 超忙しい

こう聞こえる! ▶ [オーォタィダッ(プ)]

tieは「結ぶ」「縛る」ですね。仕事に縛りつけられているというイメージでとらえます。

A: Do you have time to see a movie tonight?
B: Unfortunately no. I'm currently all tied up with my work.

A: 今夜映画行く時間ある？
B: 残念ながらないの。今仕事でホントに忙しいの。

□ **hectic** てんてこ舞い

【héktik】　　　　　こう聞こえる! ▶ [ヘクティック]

「てんてこ舞い」とか「てんやわんや」という意味です。tied upと違って、hectic scheduleやhectic lifeなど時間や時期を表す言葉と一緒に使いあわただしさをイメージさせる言葉です。

A: How was work?
B: I had a hectic day today.

A: 仕事はどう？
B: 今日はてんてこ舞いの1日だったわ。

□ **top brass** 幹部

こう聞こえる! ▶ [タップラース]

「高級官僚」「お偉がた」「トップの連中」という意味です。ブラスは金色の「真ちゅう」です。軍隊の幹部の帽子に金色の刺しゅうがついていることに由来しています。日本語の「班長」が語源になった言葉を使ってthe head honchosとも言えます。

A: How did your presentation go?
B: Well, it seemed like the top brass liked the new idea I proposed.

A: プレゼンはどうだった？
B: ん〜、僕が提案した新しいアイディアを幹部が気に入ってくれたようだよ。

□ **last say** 最終決定権

こう聞こえる! ▶ [ラースツェイ]

sayは普通「言う」という意味の動詞で使いますが、名詞で「決定権」とか「発言の権利」という意味があります。We have no say.と言うと「我々には発言権はない」となります。

A: Who has the last say on this matter?
B: Mr. Egashira does. He's in charge of this project.

A: この件については誰に最終決定権があるの？
B: 江頭さんです。彼がこのプロジェクトの担当ですから。

☐ have it made 　何もかもがうまくいく

こう聞こえる！▶ [ハヴィッメィ(ドゥ)]

 TIPS　「確実に成功する」とか「大ヒット間違いなし」という意味です。特に経済的に恵まれた状況を言います。have it made in the shade とも言います。

A: Liz started her own business. First, she thought she had it made.
B: Right. But now she says things are going downhill since the economy is so sluggish.

A: リズは自分の会社を立ち上げて、最初は何もかもがうまくいっていると思ってたの。
B: そう。でも経済が落ち込んで、今はあまりうまくいってないって言ってるよ。

☐ combo 　組み合わせ

【kámbou】　　　こう聞こえる！▶ [カンボウ]

 TIPS　comboは料理の組み合わせに関してもよく使われます。例えば、I'd like to have the chicken and pork combo platter.（チキンとポークのセットメニューをください）のように使います。

A: I heard that Jack works with Bruce now.
B: Right. Both of them are so efficient. They're such a good combo.

A: ジャックとブルースは今一緒に仕事してるって聞いたんだけど。
B: そう。2人とも有能で、本当にいい組み合わせだよ。

☐ nitty-gritty　本題

【nítigríti】　　　　　　こう聞こえる! ▶ [ニティーグリティー]

nitty-grittyは「核心」「本質」のようなイメージでとらえます。この場合、the main businessとかthe details(詳細)とも言えるでしょう。

A: Let's get down to the nitty-gritty.
B: Yes. We want to get this done by next Monday.

A: 本題に入りましょう。
B: そうですね。来週の月曜日までにやってしまいたいので。

☐ run around like a chicken with its head cut off　駆けずり回る

こう聞こえる! ▶ [ラナラウンライカチキンウィディッツヘッカラーフ]

大忙しで駆けずり回ることです。chickenは「臆病者」という意味でも使います。She's no spring chicken.というと、「もう若くはない」という意味です。

A: Have you seen Tom lately?
B: Yes, he's so busy he's running around like a chicken with its head cut off.

A: 最近トムに会った?
B: うん、なんかすごく忙しくて駆けずりまわってるよ。

| □ **bear** | 骨の折れること | |

【béər】　　　　　　　　こう聞こえる! ▶ [ベァ]

 bearは動物の「クマ」以外に俗っぽい使い方で「たいへんきついこと」「骨の折れる嫌なこと」という意味があります。

A: How was work?
B: Oh, it was a bear!

A: 仕事はどうだった？
B: いや〜、もうたいへんだったわ。

| □ **hassle** | わずらわしいこと | |

【hǽsl】　　　　　　　　こう聞こえる! ▶ [ハーソォ]

 No hassle.と言えば「わずらわしいことはないよ」、つまり「お安いご用だよ」という意味になります。

A: I have to go to the legal office and get all that paper work done by next week.
B: That's a hassle. Well, good luck.

A: 法律事務所に行って来週までに書類の手続きを済ませないといけないの。
B: それは面倒くさいね。すんなりいくといいね。

仕　事　017

□ kudos　　賞賛

【kúːdouz】　　こう聞こえる！▶ [クードゥズ]

TIPS　「賞賛」「栄誉」という意味です。kudosはadmirationやrespectの略式の言葉で、最後に付いているsは複数のsではありません。本来は数えられない名詞です。

A: Madeline received kudos from her boss for her great performance.
B: Well, I think she deserved it.

A：マドリンは上司から成績が素晴らしいと賞賛を得たよ。
B：賞賛を得て当然ね。

□ recap　　まとめ

【ríkæp】　　こう聞こえる！▶ [リーキャップ]

TIPS　recapはrecapitulation（要点のまとめ）の略です。テレビの総集編やニュースの要点のことにも使います。

A: Are you going to attend Mr. Long's class on Friday?
B: We better! It's gonna be a recap of the whole semester.

A：金曜日のロング先生の授業出る？
B：出た方がいいよ！　学期のまとめをするらしいから。

□ spelling bee　スペリングコンテスト

こう聞こえる！ ▶ [スペリンビー]

アメリカの小学校などでは英単語のスペルの競技会があります。誰が一番多く単語を正しくつづれるかを競うコンテストです。日本の漢字の書き取りテストや漢字コンテストの英語バージョンといったところでしょうか。

A: Who won the spelling bee?
B: Steve did, believe it or not.

A: スペリングコンテストは誰が勝ったの？
B: スティーブだよ、信じられないかもしれないけど。

□ prom　卒業前のダンスパーティー

【prám】　　こう聞こえる！ ▶ [プラム]

promは高校や大学を卒業する前に公式に行うダンスパーティーのことです。生徒たちはスーツやドレスを着てダンスの相手と記念写真を撮ったりして、若き日の良き思い出とします。

A: Who are you going to the prom with?
B: Don't be surprised! Jane is going to be my date.

A: プロムは誰と行くの？
B: 驚くなよ！　ジェーンが俺の相手なんだ！

学校生活　019

☐ **midterms** 中間試験

【mídtərmz】　　　　　　こう聞こえる! ▶ [ミッタームズ]

midtermsはmidterm examinationsの略です。学期(term)の中間(mid)の試験という意味です。期末試験はfinalsです。「真夜中」はmidnight、「真夏」はmidsummerです。

A: What are you going to do tonight?
B: I have to study for my midterms.

A: 今夜は何するの？
B: 中間試験の勉強しなくちゃ。

☐ **skip** サボる

【skíp】　　　　　　こう聞こえる! ▶ [スキップ]

skipは「スキップする」「軽く飛び跳ねる」という意味ですが、skip the next two pages（次の2ページを飛ばす）とかskip lunch（昼食を抜く）のようにも使います。

A: How's John doing at college?
B: Well, he's doing OK. However, he sometimes skips classes.

A: ジョンは大学ではどう？
B: ん〜、まあまあだと思うよ。ときどき授業をサボってるけどね。

dropout 退学者

【drápaut】 こう聞こえる! ▶ [ドゥラッパウ]

TIPS　drop outは動詞で「退学する」とか「離脱する」という意味です。2語をくっつけると「中途退学者」という名詞になります。

A: Did you know he was a high-school dropout?
B: Yes, but now he's a man with big ambitions.

A: 彼が中卒(高校中退)って知ってた？
B: うん、でも今は大きな野望を持った人だよ。

typo タイプミス

【táipou】 こう聞こえる! ▶ [タィポウ]

TIPS　typographical errors(印刷上の誤り)の略です。パソコンやタイプライターによる文字の打ち間違いのことです。スペルミスは和製英語ですので全く通じません。

A: There're a couple of typos in your draft.
B: I'll correct them right away.

A: あなたの原稿にはタイプミスがいくつかありますよ。
B: すぐに直します。

chaperone　保護者

【ʃǽpəròun】　　　こう聞こえる！▶ [シャパロウン]

chaperoneは子どもたちの遠足や交流会に付き添う保護者のことです。教育はわりと学校任せの日本とは異なり、アメリカでは保護者が積極的に学校行事に参加、協力しています。

A: The children are going to have a field trip this coming Friday.
B: We need at least one chaperone in each group to monitor the children.

A: 子どもたちは今度の金曜日に遠足に行きます。
B: 子どもたちを監視する保護者がそれぞれのグループに少なくとも1人は必要です。

dos and don'ts　してよいことと悪いこと

こう聞こえる！▶ [ドゥーザンドゥンツ]

「すべきこと(do)としてはいけないこと(don't)」、つまりマナー(manner)のことです。異文化圏に行けば、日本では通用しない常識がまかりとおる場合があります。小さいことで誤解は受けたくないものですね。

A: I'm planning to go to Canada next month.
B: You should learn the dos and don'ts before you visit another country.

A: 来月カナダに行くの。
B: 外国に行く前に、そこのマナーとかを知っておいた方がいいよ。

☐ prankster　　いたずら者

【prǽŋstər】　　　　　　　　こう聞こえる！ ▶ [プランクスター]

 「いたずら者」とか「他人をからかってふざける人」という意味です。生徒が学校の建物に落書きをしたり損害を与えたりするようないたずらをイメージしてください。prankは「悪ふざけ」のことです。

A: Who's the prankster behind this?
B: Looks like Michael is the guilty one.

A: 裏でいろいろやっているいたずら者は誰だ？
B: どうもマイケルのようね。

☐ but　　言い訳

【bʌt】　　　　　　　　こう聞こえる！ ▶ [バッ(トゥ)]

 butは「しかし」という意味の接続詞ですが、ここでは、何でも「でも…、でも…」と言ってその場を逃れようとする「言い訳」という意味の名詞です。「言い訳」はexcuse(エクスキューズ)とも言います。下のBでは、No ifs, ands or buts about it. Just do it!とも言えます。

A: I was going to do it, but I didn't have time.
B: No buts about it!　It has to be done.

A: するつもりだったんだけど、時間がなかったんだ。
B: 言い訳はだめよ！ちゃんとやらないと。

学校生活　023

squeal　ちくる

【skwíːl】　　　こう聞こえる！ ▶ [スクウイーォ]

TIPS
squealはもともと「キーッ」とブレーキがきしむ音や金切り声のような「悲鳴」という意味です。警察に違法行為を「通報する」「密告する」という意味でも使います。blow a whistle（告発する）という言い方もあります。

A: Your teacher already knows about what you've done.
B: Damn! Who squealed?

A: 先生はあなたがやったことをもう知ってるわよ。
B: くっそー！　誰がちくったんだ？

studio　ワンルームマンション

【st(j)úːdiòu】　　　こう聞こえる！ ▶ [ストゥーディォゥ]

TIPS
マンション（mansion）は英語では豪勢な「大邸宅」という意味です。ディズニーランドのお化け屋敷のホーンテッドマンション（呪われた屋敷）みたいな大きな家をイメージしてください。studioはもちろん「放送スタジオ」という意味もあります。

A: Did you live in a dorm when you were in college?
B: No, I lived in a studio apartment near the campus.

A: 学生時代は寮に住んでたの？
B: ううん、キャンパスの近くのワンルームマンションに住んでたんだ。

stuff 物

【stʌ́f】 こう聞こえる! ▶ [スタッフ]

stuffはthingのくだけた言い方です。会話には使いますが、フォーマルな手紙など書き言葉としてはあまり使わないほうがいいでしょう。thingは数えられますがstuffは数えられませんので単数のaや複数のsを付けないようにしましょう。

A: What do you have in that backpack?
B: All kinds of stuff. Books, a pencil case, files, a lunch box...

A: リュックには何が入っているの?
B: いろんな物。本とかペンケースとかファイルとか弁当箱とか…

gibberish ちんぷんかんぷん

【dʒíbəriʃ】 こう聞こえる! ▶ [ジバリッシュ]

talk gibberishで「わけの分からないことを話す」という意味になります。例えば、You were talking gibberish while you were asleep.(寝言でわけのわからないことを言ってたよ)のようにも使えます。

A: Do you understand what he's saying?
B: Not at all. It all sounds like gibberish to me.

A: 彼の言ってること分かる?
B: 全然。さっぱり分からない。

☐ eeny meeny miny moe どちらにしようかな

こう聞こえる！ ▶ [イーニーミーニーマィニーモゥ]

 日本語では「どちらにしようかな。天の神様の言うとおり」などと言いますね。子どもたちが鬼ごっこの鬼を決めるときによく使います。最後のmoeに当たった子が鬼になります。

A: Eeny, meeny, miny, moe. Catch a tiger by the toe. If he hollers let him go. Eeny, meeny, miny, moe.

A: どちらにしようかな。トラのつま先捕まえろ。もし吠えたら放してあげよう。どちらにしようかな。

☐ caboose 最後の人

【kəbúːs】　　こう聞こえる！ ▶ [カブース]

 cabooseは本来the last car of a train（列車の最後の車両、車掌車）という意味です。全員が乗車したかどうかを確認する車掌さんのように、全員が部屋から出たかどうかを確認してドアを閉めるわけですね。幼稚園や小学校など小さい子どもに対して使います。

A: Who's the caboose today?
B: I'm the last one in line, Ms. Green, so I'll close the door.

A: 今日は誰が一番うしろですか。
B: 僕が列の最後です、グリーン先生。僕がドアを閉めます。

crisscross applesauce　あぐら

こう聞こえる! ▶ [クリスクラス　アーポソース]

cross-leggedのことです。crisscrossは「十文字」、applesauce（アップルソース）はアメリカの子どもたちの好きな食べ物です。足を組んでできたすき間に両手を入れておくことが行儀よい座り方という考え方です。幼稚園児や小学校低学年の子どもに対して使います。

A: Ms. Johnson, please read us a story.
B: All right. Please sit crisscross applesauce and be quiet.

A: ジョンソン先生、お話を読んでください。
B: いいですよ。床に足を組んで座って静かにしてください。

peekaboo　いないいないばあ

【píːkəbùː】　　こう聞こえる! ▶ [ピーカブー]

赤ちゃんをあやしたり、笑わせるためにする「いないいないばあ」のことです。peekは「のぞく」という意味。booは「バアー」と子供を脅かす声です。

A: The baby won't stop crying.
B: Why don't you play peekaboo?

A: 赤ちゃんが泣きやまないよ。
B: 「いないいないばあ」をしてみたら？

scarf down　がつがつ食べる

こう聞こえる！ ▶ [スカーフダウン]

 食べ物を「ばか食いする」とか飲み物を「がぶ飲みする」という意味です。スナック類を「ぽりぽり食べる」ときにも使います。

A: Oh, I'm hungry. Let's go to the hamburger shop around the corner.
B: My treat! You can scarf down as many as you want!

A: あ〜、お腹へった。かどを曲がったところのハンバーガーショップに行こう。
B: 私のおごりよ。食べたいだけ食べていいよ。

nuke　チンする

【njúːk】　　こう聞こえる！ ▶ [ニューク]

 電子レンジは microwave oven です。mic と略して Put it in the mic.（それを電子レンジに入れなさい）とも言います。ちなみに nuke は nuclear の略で「核兵器」という意味にもなります。

A: How do I cook this?
B: Just nuke it.

A: これどうやって料理するの？
B: チンするだけだよ。

☐ TV dinner　テレビ食

こう聞こえる！▶ [ティーヴィーディナー]

テレビを見ながら食べられる調理済みの冷凍食品です。容器ごと電子レンジで温めるだけの手軽なお弁当のようなものです。ひとつのアメリカの文化ですね。

A: What did you eat last night?
B: I had a TV dinner. They're not bad to eat once in a while.

A: 昨夜は何を食べたの？
B: テレビ食だよ。たまには悪くないね。

☐ veggie　野菜

【védʒi】　　こう聞こえる！▶ [ヴェジー]

vegetableのくだけた言い方です。veggie burger（野菜ハンバーガー）のように形容詞的に使うこともあります。vegetarian（菜食主義者）という意味でもあります。

A: Where are you going?
B: I'm going to the supermarket to buy some veggies.

A: どこ行くの？
B: 野菜を買いにスーパーに行ってくる。

□ flat　　　気が抜けている

【flǽt】　　　　　こう聞こえる！ ▶ [フラッ]

 flatは物の表面が「平らな」という意味ですが、炭酸飲料の炭酸が抜けている場合にもよく使います。

A: This coke is flat.
B: It's a bit old. Just throw it away.

A: このコーラ気が抜けてるよ。
B: ちょっと古いし、捨てて。

□ soggy　　　湿気ている

【sági】　　　　　こう聞こえる！ ▶ [サーギー]

 fresh（新鮮）の反対語と言えます。肉や卵が古くて腐っている場合はrottenを使います。パンなどが古くなって新鮮さがなくなっているときにはstaleを使います。

A: These cookies are kind of soggy.
B: I guess I left them on the plate too long.

A: このクッキーちょっと湿気てるよ。
B: 皿の上に長く置きすぎたかな。

☐ **grab** 急いで食べる

【grǽb】　　こう聞こえる！ ▶ [グラブ]

TIPS　grabは「ひっつかむ」という意味ですが、それから転じて「短時間で素早く食べる」という意味で使います。食べ物をひっつかんでガッと口に入れるイメージですね。

A: Can you wait for a few minutes? I need to grab something real quick.
B: No rush. I'll wait for you.

A: ちょっと待ってもらえませんか。急いで何か食べますから。
B: 急がなくていいよ。待ってるから。

☐ **yucky** ひどくまずい

【jʌ́ki】　　こう聞こえる！ ▶ [ヤキー]

TIPS　いくら和食通とはいえ、納豆と梅干しは苦手な外国の人は多いものです。Yuck!(ヤック!)とかEeyuch!(イーヤハ!)と言えば「ゲ～!」「オェ～!」っと吐き気を催すときの言い方です。いやなものを見たときにもOh, yuck!と言ったりします。

A: Do you like *umeboshi*, Chris?
B: No way! I hate that yucky stuff!

A: クリス、梅干し好き?
B: 冗談じゃない! ひどくまずくて大嫌いだ!

☐ yummy　　うまっ

【jʌ́mi】　　　　　　　　　　こう聞こえる! ▶ [ヤミー]

「ほっぺたが落ちそうなくらいに美味しい」と味のよさを強調するときに使います。deliciousのくだけた言い方です。本来は幼児語ですが、yummy desserts（美味しいデザート）のように大人も故意に使ったりします。Yum-yum.とも言います。

A: How do you like the cake?
B: Yummy! Can I have some more?

A：そのケーキどう？
B：うまっ！　もう少しもらえる？

☐ goodies　　美味しい食べもの

【gúdi:z】　　　　　　　　　こう聞こえる! ▶ [グディーズ]

よく「おいしいお菓子」という意味で使います。単数はgoodyですが複数で使うことが多いです。意味が転じて「(麻薬の)モルヒネ」という意味で使われることもあります。英語では麻薬に関する俗語はきりがありませんね。

A: Hey, what's in that big box?
B: There are lots of goodies in it. My dad gave it to me.

A：ね〜、その大きい箱には何が入ってるの？
B：美味しいものがいっぱい詰まっているの。父がくれたのよ。

☐ cover charge　テーブルチャージ

こう聞こえる！ ▶ [カバーチャーヂ]

レストランなどでの飲食の料金以外の「席料」や「サービス料」のことです。特にバンドなどの生演奏があるお店で請求されます。英語では普通 table charge（テーブルチャージ）とは言いません。

A: How much is the cover charge?
B: We have a jazz band tonight, so it's 25 dollars.

A: テーブルチャージはいくらですか。
B: 今夜はジャズの演奏がありますので、25ドルでございます。

☐ to go　お持ち帰り

こう聞こえる！ ▶ [トゥゴウ]

「〜を持ち帰りでお願いします」と言うときには、Can I have 〜 to go? と品物の後に to go を付けるだけでOKです。「持ち帰ります」は、I'll take it out. と言うこともできます。

A: Can I get a hotdog and a medium coke?
B: Will that be for here, or to go?

A: ホットドッグとコーラのミディアムをお願いします。
B: こちらでお召しあがりになりますか、それともお持ち帰りですか？

☐ **chocoholic**   チョコレート中毒

【tʃɔ̀ːkəhɔ́ːlik】　　　　　こう聞こえる! ► [チャカハーリック]

 alcoholic（アルコール中毒）というように、ある言葉の後ろに -(a)holic を付けると、「〜中毒」、「〜中毒の人」という意味になります。

A : You sure are a chocoholic.
B : I know. I should cut down on sweets.

A : あなたって本当にチョコレート中毒ね。
B : 甘いものひかえなきゃって分かってるんだけど。

☐ **icky**   ねばねばしている

【íki】　　　　　こう聞こえる! ► [イキー]

 べとべとして気持ち悪い、へどが出そうというイメージの言葉です。食べ物に使うことが多いです。単に「べたべたしている」ことは sticky と言います。

A : *Natto* is supposed to be good for your health.
B : Really? It looks so icky, though.

A : 納豆は健康にいいのよ。
B : 本当？ すごくねばねばしてて気持ち悪いけど。

□ **pop** 炭酸飲料

【páp】　　　　　　　　　　　こう聞こえる！ ▶ [パーップ]

popは「ポンと音がなる」という意味です。炭酸飲料はふたを開けるとポンと音がなるからです。アメリカの中西部でよく使われます。東海岸や西海岸ではsodaと言います。

A: Would you like a Coca-Cola?
B: No, thank you. I don't drink pop.

A: コカコーラ飲みますか？
B: いいえ、結構です。私、炭酸だめなんですよ。

□ **doggy bag** 持ち帰りの袋

こう聞こえる！ ▶ [ダーギーバーグ]

レストランなどで食べ残したものを家に持って帰るための口実として「愛犬のために」と言ってつつんでもらっていたため、doggy（わんちゃん）bag（袋）と言います。

A: Excuse me. Can I have a doggy bag, please?
B: Certainly. Would you like me to wrap that up for you?

A: すみません。持ち帰りの袋をいただけませんか？
B: かしこまりました。お包みしましょうか？

☐ **pick up the tab** 勘定を払う

こう聞こえる! ▶ [ピッカッ(プ)ダターブ]

tabは勘定書のことです。勘定書を取り上げる(pick up)ということは、「支払う」ということですね。I'll treat you.とかIt's on me.と言えば、「おごる」という意味です。

A : I'm low on money now.
B : Don't worry. I'll pick up the tab.

A : 今お財布苦しいの。
B : 心配しないでいいよ。僕が払うから。

☐ **lemon** 欠陥商品

【lémən】　　こう聞こえる! ▶ [レマン]

lemonは普通は果物の「レモン」のことですが、「欠陥商品」とか「不良品」という意味もあります。スロットマシンでレモンが出ると当たりが少ないことからきています。

A : How is that new car you just bought?
B : Not good. It's always in and out of the garage. It's a real lemon!

A : この前買った車はどうですか？
B : あまり良くないです。修理工場を出たり入ったりで、欠陥商品もいいとこですね！

24/7 年中無休

【twentifɔːrsévən】 こう聞こえる! ▶ [トゥウェニーフォーォセヴン]

TIPS twenty-four hours a day, seven days a week（1日24時間、週7日間）のことです。つまり、all the time（いつも、始終、年中無休）という意味で使われます。

A: Is the store open today?
B: They're ready to serve you 24/7.

A: その店は今日開いてますか？
B: 年中無休ですよ。

---

shopaholic 買い物中毒

【ʃàpəhálik】 こう聞こえる! ▶ [シャパハーリック]

TIPS 前出のchocoholic（チョコレート中毒）もこの例の1つです。workaholicと言えば「仕事の虫」のことです

A: Jennie is a shopaholic. She spends a lot of time and money at the boutiques in town.
B: I know. She loves to buy all those fashionable clothes, doesn't she?

A: ジェニーは買い物中毒だよ。街のブティックで時間とお金を使いまくってるよ。
B: だよね。いろんな流行りの洋服を買うのが好きだよね。

買い物

fad 流行

【fǽd】 こう聞こえる! ▶ [ファー(ドゥ)]

TIPS 特に一時的な流行のことです。fad wordsは「流行語」のことです。crazeとも言います。「流行している」はin fashion、「古臭い」はout of fashionです。

A: Long skirts are the fad among young girls in Japan.
B: They were in fashion twenty years ago. They've come back.

A: ロングスカートが日本の若者の間で流行しています。
B: 20年前にも流行りました。昔の流行が戻ってきましたね。

classy 高級な

【klǽsi】 こう聞こえる! ▶ [クラスィー]

TIPS 「高級な」とか「上品な」という意味で使います。「ホテル」や「レストラン」などに対してよく使います。stylishやsophisticatedにも似たイメージがあります。

A: How was your trip to Europe?
B: Oh, It was great. We stayed at a classy hotel in Belgium.

A: ヨーロッパ旅行はどうだった?
B: すごくよかった。ベルギーで高級ホテルに泊まったよ。

☐ cheesy 安っぽい

【tʃíːzi】　　　こう聞こえる! ▶ [チーズィー]

TIPS　「低級な」とか「稚拙な」というネガティブなイメージのある言葉です。a cheesy taste（チーズのような味）のようにcheeseの形容詞としても使います。

A: Koa Hotel is very convenient. It's located right in the middle of the city.
B: I know, but their guest rooms are kind of cheesy.

A: コアホテルはとても便利よ。街の中心にあるし。
B: 知ってるよ、でも客室はちょっと安っぽいよ。

☐ crappy ぼろ

【krǽpi】　　　こう聞こえる! ▶ [クラピー]

TIPS　「質が悪い」とか「安っぽい」という意味で使います。名詞のcrapには「たわ言」とか「汚物」というネガティブな意味があります。

A: This umbrella is so crappy. It broke again.
B: You should take it back to the store and get a refund.

A: この傘すごくぼろだよ。また壊れちゃった。
B: 買った店に返して返金してもらったほうがいいよ。

買い物

☐ phony

偽物っぽい

【fóuni】　こう聞こえる！ ▶ [フォウニー]

TIPS a phony smile と言うと「偽りの微笑み」のことです。phony as a three-dollar bill は「全くいんちきの」という意味です。3ドル札は存在しないからです。fake（偽の）という語もあります。

A: Is that a genuine diamond?
B: It looks so phony. Can't you tell?

A: これ、本物のダイヤモンド？
B: すごく偽物っぽいよ。見て分かんない？

☐ flashy

けばい

【flǽʃi】　こう聞こえる！ ▶ [フラシー]

TIPS 「派手で安っぽい」とか「けばけばしい」という意味の言葉です。flash は「閃光」、ピカピカ光るイメージです。類似語に gaudy や tawdry があります。

A: Ted drives a red sports car.
B: He always wears flashy clothes, too.

A: テッドは赤いスポーツカーを乗り回してるよ。
B: プラスいつもけばけばしい服着てるんだよね。

☐ **shabby** よれよれの

【ʃǽbi】 こう聞こえる! ▶ [シャビー]

TIPS
服であれば「よれよれの」、人であれば「みすぼらしい身なりをした」、家であれば「荒れ果てた」という日本語にあたる「使い古された」というイメージの言葉です。

A: Who's that guy in the shabby coat?
B: He's Lieutenant Cruz, an efficient cop.

A: あのよれよれのコートを着た人は誰ですか。
B: クルーズ警部補です。敏腕刑事ですよ。

☐ **kleenex** ティッシュ

【klíːneks】 こう聞こえる! ▶ [クリーネックス]

TIPS
Kleenex（クリネックス）はアメリカのKimberly-Clark社製のティッシュの商標ですが、一般的にティッシュの総称として使われています。書くときにはkを小文字にすることが多いです。

A: Do you have a kleenex? I want to clean the table.
B: Yes. Here you go.

A: ティッシュ持ってる？ テーブルを拭きたいんだけど。
B: 持ってるよ。はいどうぞ。

買い物

sell like hot cakes 飛ぶように売れる

こう聞こえる! ▶ [セォライッハッケイクス]

TIPS 英語では飛ぶように売れることを「ホットケーキのように売れる」と言います。sell well(よく売れる)の言い回しです。単に食べ物として「ホットケーキ」と言う場合はpancakeと言うほうが一般的です。

A: This summer's heat is extraordinary.
B: I know! Air conditioners are selling like hot cakes.

A: 今年の夏の暑さは異常ね。
B: そうだね。エアコンが飛ぶように売れているよ。

第2章

Daily Convo 2

この章では、第1章に引き続き、日常生活の中に出てくる英語表現を紹介します。convoという略語は、インターネット上やEメールなどで使われることが多いです。

お　金
交通・移動
治　安

grand　　1,000ドル

【grǽnd】　　こう聞こえる! ▶ [グラン(ドゥ)]

TIPS grandは複数になってもsは付けません。1,000のことは、Kとも表します。例えば、5万ドルは＄50Kです。Kは、kilo(1,000)のことです。

A: This is a nice guitar! How much was it?
B: Oh, it was four grand. It's a bit expensive, but it's worth it.

A: いいギターだね。いくらだったの？
B: 4,000ドルだよ。ちょっと高いけど、その価値はあるね。

broke　　一文無し

【bróuk】　　こう聞こえる! ▶ [ブロウク]

TIPS 会社などが破産したり倒産することはbankruptと言います。例えば、「その会社は倒産しました」はThe company went bankrupt.です。

A: How was your trip to Las Vegas?
B: It wasn't that great because I came back broke.

A: ラスベガスへの旅行はどうだった？
B: だめ。(ギャンブルで負けて)一文無しで帰ってきたよ。

□ plastic　クレジットカード

【plǽstik】　　こう聞こえる！▶ [プラースティック]

TIPS クレジットカードはたいていプラスチック製であることからplasticがクレジットカードという意味で使われるようになりました。アメリカでは、買い物の支払いはたいていクレジットカードです。たくさんの現金を持ち歩くことはあまりありません。コンビニで牛乳1パックを買う場合でもクレジットカードを使う人もいますよ。

A: More and more people are paying with plastic.
B: You're right. We are becoming a cashless society.

A: 多くの人がクレジットカードで支払うようになってきてるね。
B: 本当だね。だんだん現金を使わない社会になってきてるよね。

□ buck　ドル

【bʌ́k】　　こう聞こえる！▶ [バック]

TIPS New electric cars are big bucks. と言うと「新しい電気自動車は値段が高い」という意味です。big bucksは「大金」ということですね。「後ろ」という意味のbackと発音が違うので注意。buckの「バ」は口の開きが中くらいの「ア」でbackの「バ」は「ア」と「エ」の中間の音です。

A: What's the cheapest way to get downtown?
B: The subway. It costs you only a couple of bucks to get there.

A: 街の中心部に行く一番安い方法は何？
B: 地下鉄よ。2〜3ドルしかかからないよ。

☐ dime

10セントコイン

【dáim】　　　こう聞こえる！ [ダィム]

TIPS アメリカのコインにはそれぞれ名前がついています。1セントはpenny、5セントはnickel、10セントはdime、25セントはquarterです。

A: Do you have small change?
B: Let me see... I have four dimes and three nickels.

A: 小銭持ってる？
B: えっとね…10セントコイン4枚と5セントコイン3枚あるよ。

☐ pricey

値が張る

【práisi】　　　こう聞こえる！ [プライスィー]

TIPS 「値段」のpriceにyをつけて形容詞にした語です。「傾斜が急な」という意味のsteepも「とても値段が高い」という意味があります。pricelessと言うと「値段がつけられない」、つまり「とても貴重な」「お金では買えない」という意味になります。

A: How do you like that restaurant?
B: They serve excellent food but it's a bit pricey.

A: あのレストランどう？
B: 食事は美味しいんだけど値段は少し高いね。

お金

☐ **damage** 費用

【dǽmidʒ】　　　　　　　　　こう聞こえる！ ▶ [ダミッジ]

> **TIPS**　本来damageは「損害」という意味ですが、「費用」とか「代金」という意味でも用います。特にWhat's the damage?という表現で、男性がよく使います。発音は「ダメージ」ではありませんので注意してください。

A: I'll pay the bill. What's the damage?
B: Twenty-five bucks.

A: 僕が勘定を支払います。代金はいくらですか？
B: 25ドルです。

☐ **chip in** お金を出し合う

こう聞こえる！ ▶ [チッピーン]

> **TIPS**　お金を出し合って協力することです。pitch inという言い方もあります。もともとはトランプのポーカーで、チップやお金を出して賭けることに由来しています。

A: It was a terrible disaster. Our thoughts and prayers are with the people in this country.
B: We should all chip in to help the victims.

A: ひどい災害でしたね。私たちの想いや祈りはこの国の人たちと共にあります。
B: みんなでお金を出し合って、被災者の方々を援助しましょう。

お 金

☐ pick up　　買う

こう聞こえる！ ▶ [ピッカッ(プ)]

TIPS
pick upは文字通り「拾い上げる」ですから、「(食べ物を)拾い上げる」、つまり「買う」とか「物を手に入れる」という意味になります。pick up a little Englishと言えば、「片言の英語を(自然に)覚える」となり、pick upには様々な使い方があります。

A: I'm always running out of food.
B: Why don't you pick up some groceries on your way home?

A：僕はいつも食料品不足だ。
B：帰宅途中に食料雑貨店で何か買って帰ったら？

☐ loaded　　たんまりお金がある

【lóudid】　　こう聞こえる！ ▶ [ロウディ(ドゥ)]

TIPS
給料日などでI have a lot of money.(お金がたくさんあります)ということです。loadedは本来「荷を積んだ」という意味ですから、お金が積まれたイメージです。

A: I'm loaded today. I'll treat you to dinner.
B: Really? Thanks. Then, how about going to an Indian restaurant?

A：今日はたんまりお金あるよ。夕飯おごるよ。
B：本当？　ありがとう。じゃ、インド料理なんてどう？

☐ split the bill 割り勘にする

こう聞こえる! ▶ [スプリッダビォ]

TIPS 単純に勘定書(bill)を割る(split)ということですね。「割り勘にしよう」はこの他にも、We will go Dutch. とか Let's pay separately. などがあります。

A: OK, the party is over.
B: Let's split the bill. 1,500 yen each. Is that fair enough?

A: さあ、パーティーはお開きだ。
B: 割り勘にしよう。1人1,500円。それで公平かな？

☐ bundle 大金

【bʌ́ndl】　　こう聞こえる! ▶ [バンドー]

TIPS bundleはもともと「束」という意味です。ここでは「札束」、つまり「大金」ですね。「すごく値段が高かった」は、It cost me a bundle. と言えます。

A: How's Jack's business?
B: He's starting to make a bundle.

A: ジャックの商売はどうなの？
B: 大金を稼ぎ始めてるよ。

☐ rake it in　　ぼろもうけする

こう聞こえる! ▶ [レィキリーン]

TIPS rakeは熊手や草かきなどで落ち葉を「かき集める」という意味です。賭博場でギャンブルに勝って、チップを寄せ集めるシーンをイメージしてください。

A: How's Bill doing in the casino?
B: Believe it or not, he's raking it in.

A：カジノでビルはどうしてる？
B：信じられないかもしれないけど、がっぽりもうけているよ。

☐ lose ～ shirt　　無一文になる

こう聞こえる! ▶ [ルーズ～シャー(トゥ)]

TIPS 「シャツを失う」ですから、いわゆる「身ぐるみはがれる」ということですね。例えば、ギャンブルに負け無一文になることです。shirtの前にはhisやherなど代名詞の所有格を使います。

A: How did Tony do in Las Vegas?
B: He was winning at first, but then he lost his shirt.

A：トニーはラスベガスでどうだったの？
B：最初は勝ってたけど、最後は無一文さ。

☐ take ~ to the cleaner's 金を巻き上げる

こう聞こえる! ▶ [ティク ~ トゥーダクリーナーズ]

TIPS get taken to the cleaner's（金を巻き上げられる）と受け身形で言えば make a bundle（大金を稼ぐ）とか rake it in（ぼろもうけする）の反対表現になります。

A: The casino took him to the cleaner's again.
B: Too bad. He already has heavy gambling debts.

A: カジノがまた彼から金を巻き上げたよ。
B: それはひどい。もうすでにギャンブルで借金が山ほどあるのに。

☐ splurge パーっといく

【splə́ːrdʒ】　**こう聞こえる!** ▶ [スプラージ]

TIPS spend a lot of money（ぜいたくする、お金を使いまくる）という意味です。I splurged on a trip.（旅行に大金を使った）のように使います。「豪遊する」は live it up です。

A: Let's splurge.
B: Forget it. I'm broke.

A: パーっといこうぜ。
B: 無理無理。金欠だよ。

☐ caught short　必要なものがない

こう聞こえる！ ▶ [コー(トゥ)ショーォ(トゥ)]

TIPS　例えば、お金が「不足している」という意味です。下の例文のmoney burns a hole in your pocketは「（要らないものに）お金を使いたがる」、feel sorryは「かわいそうに思う」という意味です。

A: At the end of the month, I'm always caught short.
B: That's because money burns a hole in your pocket. I don't feel sorry for you.

A: 月末はいつも金欠になっちゃうよ。
B: 要らないものにお金を使い過ぎるからよ。自業自得ね。

☐ freeloader　たかり屋

【fríːlòudər】　　**こう聞こえる！** ▶ [フリーロウダー]

TIPS　freeloadは「たかる」とか「ただ飯を食う」という意味です。「ただで」というイメージなので、「他人の助けを借りて生活する」とか「居そうろうする」という意味にもなります。

A: He often asks me for money.
B: He's a real freeloader!

A: 彼はよくお金をせびりに来るよ。
B: 本当にたかり屋だね。

□ **windfall** 棚ぼた

【wíndfɔ̀ːl】　　　こう聞こえる！ ▶ [ウィンフォーオ]

TIPS windfallは「意外な授かりもの」。リンゴの木の下に座っていたら、風（wind）が吹いてリンゴが落ちて（fall）きた場面を想像してみてください。木に登るような努力をせずに獲物が手に入ったようなときに使います。

A: I heard that you won $1,000 dollars in a lottery.
B: Right. It was a sudden windfall.

A: 宝くじで1,000ドル当たったんだって？
B: そうなの。ホントいきなり棚ぼた。

☐ tailgate　あおる

【téilgèit】　　こう聞こえる! ▶ [ティオゲイ(トゥ)]

TIPS 日本でも特に高速を走っていると、もっと速く行けと言わんばかりに、後ろからぴったりくっついて走ってくる車がいますね。それがtailgateです。ハッチバックの車の後部ドアを開いて簡単な食事をする意味でも使います。

A : Tailgating is just plain dangerous.
B : It's so disgusting to see one car just chasing another.

A : 他の車をあおるような行為はただ単に危ないだけだよ。
B : 前の車を追いかけるように走る車は見るだけでいらっとするね。

☐ a set of wheels　自動車

こう聞こえる! ▶ [アセラブウィーオズ]

TIPS wheelは「車輪」のことです。4本セットで自動車というわけです。また、wheelは「(車の)ハンドル」という意味もあります。ベンツは、英語では普通Mercedes(メルセデス)と言い、発音は[マセイディーズ]です。

A : Did you see that Mercedes?
B : Wow, what a set of wheels!

A : 今のベンツ見た?
B : わ〜、なんてすごい車なの!

☐ pull over　車を路肩に寄せて停める

こう聞こえる! ▶ [プロウヴァ]

TIPS 結局stopのことです。pull overは、例えば、人の車に乗せてもらったときやタクシーに乗ったとき、降ろしてもらうところを告げる際に使える便利な言葉です。

A: Where should I drop you off?
B: Could you just pull over at the next block?

A: どこで降ろしたらいい？
B: 次の通りを越えたところで停めてくれない？

☐ get ticketed　違反で捕まる

こう聞こえる! ▶ [ゲッティケッティ(ドゥ)]

TIPS get a ticketとも言います。この場合ticketというとスピード違反や違法駐車の罰金チケットを意味します。日本では振込用紙といったところでしょうか。

A: I got ticketed for speeding.
B: You should be careful next time.

A: スピード違反で捕まったよ。
B: 今度から気をつけないと。

交通・移動

carpool　相乗りする

【káːrpùːl】　こう聞こえる！ ▶ [カーアプーオ]

TIPS 駐車スペースが少ないのは都会の悩み。アメリカでは近隣の住民で相乗りグループを作り、交代で車を出すように工夫している人たちもいます。

A: How do you get to work? Do you drive?
B: I carpool to work with my neighbors. There's not much space to park cars in the downtown area, you know.

A: どうやって仕事に行ってるの？ 車？
B: 近所の人たちと相乗りしてる。街の中心は駐車スペースがあまりないでしょう。

gas up　ガソリンを満タンにする

こう聞こえる！ ▶ [ギャーサッ(プ)]

TIPS fill up the gas とも言います。ガソリンは英語では gasoline、または gas で OK。ここでは gas を動詞で使っています。「ガス欠になる」は run out of gas です。

A: I want to go for a drive, honey.
B: OK. Let me gas up before we go.

A: ねえ、ドライブ行きたい。
B: いいよ。でも行く前にガソリン入れさせて。

☐ cab　　　タクシー

【kǽb】　　　　　　　　こう聞こえる! ▶ [キャーブ]

TIPS　アメリカ最大のタクシー会社と言えばイエローキャブ（Yellow Cab Co.）。車体はやはり黄色です。車のサイズも日本のタクシーよりもずっと大きいです。

A: Should we rent a car?
B: No. We're not that far away. Let's take a cab.

A: レンタカーする？
B: いいや。僕たちはそんなに遠いところにいるわけじゃない。タクシーに乗ろう。

☐ buckle up　　　シートベルトを締める

こう聞こえる! ▶ [バコラッ(プ)]

TIPS　buckleはそもそも「ベルトの留め金」という意味です。下の例文のAはBuckle your seat belt.とも言い、いずれもFasten your seat belt.のくだけた言い方です。

A: Buckle up, please.
B: I know. I even do it in the back seat.

A: シートベルトを締めて。
B: 分かってる。後ろの座席でもちゃんと締めるよ。

limo   リムジン

【límou】　　　こう聞こえる! ▶ [リモゥ]

TIPS limoはlimousineの略です。例えば、ハワイでは観光客が運転手つきのリムジンを借りて観光名所を巡ることもできます。

A: You can see quite a few limos in Hawaii.
B: Some tourists rent them during their stay there and they're not as expensive as you think they are.

A: ハワイには結構リムジンが走っているよね。
B: 観光客が滞在中に借りるんだ。値段も思っているほど高くないんだよね。

chopper   ヘリ

【tʃápər】　　　こう聞こえる! ▶ [チャッパー]

TIPS 日本語ではヘリコプターをヘリと略して言いますが、英語ではよくchopperと言います。helicopterの後ろの部分を使ってcopterという言い方もありますが、chopperのほうがよく使われます。

A: Eight people got hurt in the valley and we can't move them.
B: We need at least two choppers to rescue them.

A: 8人が谷間でけがをして動けなくなっています。
B: 救助するには少なくともヘリが2機必要です。

☐ bumpy すごく揺れる

【bʌ́mpi】　こう聞こえる！ ▶ [バンピー]

TIPS: bumpは(道路の)隆起のことで、bumpyはその形容詞で「でこぼこの」という意味です。車や飛行機が揺れることにも使いますし、人生などが「浮き沈みがある」という意味もあります。下の例文のturbulenceは、乱気流という意味です。

A: How was the flight?
B: Oh, it was a little bumpy because of the turbulence.

A: 飛行機の旅はどうだった？
B: あ〜、乱気流で時々すごく揺れたよ。

☐ jaywalk 横断歩道以外のところを横切る

【dʒéiwɔ̀ːk】　こう聞こえる！ ▶ [ジェイウォーク]

TIPS: 道路を無謀横断するjaywalkはアメリカでは日常茶飯事です。それでも車が止まってくれるのが驚きです。ちなみに、アメリカでは歩行者は信号無視をよくするのに、車は必ずと言っていいほど黄色信号で止まります。

A: Should we jaywalk?
B: Why not? There's no crosswalk. Besides, I don't see many cars in the street.

A: 渡っちゃう？
B: いいんじゃない？ 横断歩道ないし。車もあまり走ってないよ。

第2章 Daily Convo 2

交通・移動

□ hit   出発する

【hít】   こう聞こえる! ▶ [ヒッ(トゥ)]

TIPS
hit the roadで「旅に出る」とか「出発する」という意味になります。また、hit the townと言うと「町に到着する」ということです。

A: Time to hit the road.
B: OK. Drive carefully on your way home.

A: そろそろおいとまします。
B: そうですか。帰り道は運転気をつけてください。

□ hustle and bustle   ごった返し、雑踏

こう聞こえる! ▶ [ハソォアンバソォ]

TIPS
crowdという言葉も使えます。There was a large crowd in the street.と言えば、「通りは人でごった返していた」となります。「人が多いところに行くのは好きではないです」と言いたければI don't like to go to a crowded place.と言えばOKです。

A: Do you like living in a small town?
B: Yes. I don't really like the hustle and bustle of a big city.

A: 小さい街に住むのが好きなんですか。
B: そうですね。都会の雑踏はあまり好きではありません。

knuckle sandwich 顔面パンチ

こう聞こえる! ▶ [ナッコーサーンウィッチ]

TIPS knuckleは「指の付け根」の間接部のことです。下の例文のpay forは「代償を支払う」、つまり「借りはしっかり返してもらう」ということです。

A: That creep gave Joe a knuckle sandwich.
B: We'll make that guy pay for this!

A: あの野郎ジョーに顔面パンチをくらわせたんだ。
B: あいつただじゃおかないぞ。

caper 犯罪

【kéipər】　　こう聞こえる! ▶ [ケィパー]

TIPS 「犯罪」のことは普通crimeと言いますが、特に盗みを目的とした悪だくみのことをcaperとも言います。単に「悪ふざけ」や「いたずら」という意味もあります。

A: Did you hear about their plans?
B: Yeah. We'd better stop their caper before it gets out of hand.

A: 彼らの計画について聞いた？
B: うん。あいつらの犯罪が手に負えなくなる前にやめさせないと。

治安

scalper　ダフ屋

【skǽlpər】　こう聞こえる！ ▶ [スキャォパー]

TIPS　ticket scalperとも言います。ticket scalping（ダフ屋行為）は、特に手に入りにくい人気のある試合やコンサートのチケットを前もって手に入れ、法外な値段で売る違法行為です。

🅐: What are they doing around the ballpark?
🅑: They're scalpers, selling outrageously expensive tickets.

🅐: あの人たち球場の周りで何してるの？
🅑: あいつらはダフ屋だよ。めちゃくちゃ高いチケット売ってるんだ。

narc　麻薬捜査官

【nάːrk】　こう聞こえる！ ▶ [ナーァク]

TIPS　narcotics officerの略です。narcoticsは「麻薬」のことです。麻薬の売人や使用者と仲良くして警察に情報提供をする「たれ込み屋」とか「警察のスパイ」という意味もあります。

🅐: How were the drug dealers arrested?
🅑: The narcs finally found their hiding place.

🅐: 麻薬密売人たちはどうやって逮捕されたの？
🅑: 麻薬捜査官がやっとアジトを見つけたんだ。

□ bust   パクる

【bʌ́st】　　　こう聞こえる！ ▶ [バストゥ]

TIPS
警察が犯人を「逮捕する」という意味です。普通に言うとarrestです。異なった意味でbankruptと同じ「破産した」という形容詞でもあります。The company went bust.（その会社は倒産した）とかWe are bust.（私たちは一文無しだ）のように使います。

A: He's been busted for drugs.
B: Well, he deserves it.

A：彼は麻薬所持で逮捕されたよ。
B：自業自得よ。

□ red-light district   歓楽街

こう聞こえる！ ▶ [レッラィッディストゥリク(トゥ)]

TIPS
バーやクラブが立ち並ぶ場所をイメージさせる言葉です。特にprostitution（売春）やgambling（ギャンブル）やdrugs（麻薬）などの犯罪がからむワイルドな街のことです。

A: Where is Tokyo's red-light district?
B: Kabuki-cho is one of them, for sure.

A：東京の歓楽街ってどこ？
B：間違いなく歌舞伎町はそのひとつだね。

治安

cop お巡りさん

【káp】　こう聞こえる！ ▶ [カーッ(プ)]

TIPS　「警察」を表す言葉にはfuzzやFive-Oやpo-poという言葉もあります。昔アメリカにHawaii Five Oという刑事ものの人気テレビ番組がありましたが、それがもとになった言葉です。Five-Oはハワイがアメリカの50州目ということです。

A: The cops are at this party!
B: Let's get out of here!

A：このパーティーに警察がいるぞ！
B：逃げろ！

---

pot マリファナ

【pát】　こう聞こえる！ ▶ [パッ(トゥ)]

TIPS　麻薬に関するスラングは英語には山ほどあります。例えば、Have you got any grass on you?(マリファナある？)など、マリファナ(marijuana)を表す言葉にはpot以外にもgrass, weed, Mary Janeなどがあります。

A: Do you smoke pot?
B: Never! I don't want to get in trouble.

A：マリファナ吸う？
B：絶対吸わないわよ。問題起こしたくないし。

ex-con 前科者

【ékskàn】　こう聞こえる！ ▶ [エクスカーン]

TIPS
ex-convictの略です。ex-は「前の〜」、convictは「囚人」のことです。以前に刑務所に入れられていたことがあるということです。実刑に服していることをbehind bars（刑務所の鉄格子の後ろ）とも言います。

A: Is he an ex-con?
B: Yes. He was arrested and sent to jail for selling guns five years ago.

A: そいつは前科者なのか？
B: ええ。5年前に銃を売った容疑で逮捕され有罪判決を受けています。

---

crack down 厳しく取り締まる

こう聞こえる！ ▶ [クラックダゥン]

TIPS
「断固たる措置をとる」というイメージです。The police cracked down on drug dealers.（警察は麻薬密売人を厳しく取り締まった）のように、特に犯罪や抗議活動などについてよく使います。

A: The police are cracking down on protesters.
B: Yes, they are using tear gas and rubber bullets to break them up.

A: 警察は抗議で集まっている人たちを厳しく取り締まってるよ。
B: そうなんだ。催涙ガスやゴム弾を使って彼らを追い払おうとしてるんだ。

治安

911

緊急電話番号

【náin wán wán】　こう聞こえる！ ▶ [ナィンワンワン]

> 日本の110番や119番に当たるアメリカの緊急電話番号です。イギリスでは999番です。旅行中でも緊急事態はありえることです。言葉は英語ですが、落ちついて自分の名前、場所、起こった内容を簡潔に伝えましょう。

A: If something dangerous were to happen, what should I do?
B: In case of an emergency, just dial 911.

A: 何か危険なことが起こったらどうしたらいいの？
B: 緊急の場合には911に電話しなさい。

rip ～ off

ぼる

こう聞こえる！ ▶ [リップ～アーフ]

> ripはもともと「引き裂く」とか「はぎ取る」という意味があります。ripのほうを強く発音すれば「盗み」「詐欺」(rip-off)という名詞になります。What a rip-off!(何という詐欺行為だ！)のように使います。

A: They were asking 500,000 yen for that antique table.
B: Those dealers always try to rip you off, you know.

A: そのアンティークテーブルを50万円で買わされるところだったよ。
B: 販売業者はとにかくぼったくろうとするからね。

治安

☐ under the table　こっそりと

こう聞こえる！ ▶ [アンダーダティボー]

TIPS 人に見つからないように、こっそりとテーブルの下からお金をもらうというイメージです。「やみ取り引きで」とか「わいろとして」という意味でもとらえることができます。英語では「テーブルの下」、日本語では「袖の下」と言いますね。

A: How did you get the money?
B: I got it under the table.

A: どうやってお金もらったの？
B: こっそりとね。

☐ mug shot　顔写真

こう聞こえる！ ▶ [マグシャッ(トゥ)]

TIPS 警察が撮る犯人の顔写真のことを言います。mugは「顔」のことですが、動詞として「人を襲って金品を奪う」という意味もあります。日本語の「マグカップ」や「ビールジョッキ」のこともmugと言います。

A: Look at the murderer's mug shot.
B: Oh, that guy looks scary.

A: あの殺人犯の顔写真見てよ。
B: わあ、本当に怖い顔してる。

keep tabs　目をつけておく

こう聞こえる! ▶ [キープターブズ]

TIPS tabはラベルやタグのことです。「注意を払う」「～から目を離さない」という意味になります。tabは「勘定書」の意味もあります。Put it on the tab. と言うと「それをつけにしておく」ということです。

A: The suspects are conspiring to escape.
B: The police are keeping tabs on that.

A: 容疑者たちは逃げようとたくらんでいる。
B: 警察はそれには目をつけているよ。

ID　身分証明書

【áidíː】　こう聞こえる! ▶ [アィディー]

TIPS 最近ではパソコン用語としてIDという言葉はよく使われますが、実際の英会話では「身分証明書」という意味で多く用いられます。identificationを短縮した語です。They ID you.（あの店は身分証明書をチェックする）のように動詞としても用います。

A: May I see your ID, please?
B: Would my driver's license be OK?

A: 身分証明書を見せていただけませんでしょうか。
B: 運転免許証でいいですか？

第3章

Sup?

Sup?は、What's up?を略した言い方です。親しい友人や知人に使える挨拶表現ですね。What's up?(元気？)と聞かれたら、Not much.(まぁまぁ)やNothing special.(変わりなしだよ)と返すのが定番のやり取りです。この章では、そんな気が置けない仲間たちと過ごす時に使える英語表現を紹介します。

パーティー・飲み会
交　友
コミュニケーション
ひとこと

potluck 持ち寄りパーティー

【pátlʌ̀k】　こう聞こえる! ▶ [パッラック]

TIPS potluck partyとも言います。アメリカの人たちはパーティーがとても好きです。potluckでは、持っていくものは特に値段が張るものではなく、サラダやデザートなどで十分です。いなり寿司も人気ですよ。

A: We're going to have a potluck at my house this Friday night. Would you like to come?
B: Of course! What should I bring?

A: 今度の金曜日の夜、うちで持ち寄りパーティーするんだけど、来ない？
B: もちろん行くよ。何を持って来たらいい？

booze 酒

【búːz】　こう聞こえる! ▶ [ブーズ]

TIPS I need some booze.と言えば「酒が飲みたい」、I'm off booze.と言えば「禁酒中」という意味になります。boozeは「酒を飲む」という動詞としても使えます。例えば「飲みに行こう」はLet's go boozing.です。

A: He got a ticket for drunk driving again.
B: He'd better kick his booze habit.

A: 彼はまた飲酒運転で捕まったよ。
B: もう、飲むのやめた方がいいよね。

teeter 千鳥足で歩く

【tíːtər】 こう聞こえる! ▶ [ティーラー]

TIPS
teeterは疲れて倒れそうにふらふら歩いたり、ハイヒールを履いてよろめいたり、落下しそうにぐらついたりするイメージです。

A: Look at that man teetering along the street.
B: He must've drunk too much. He'd better catch a cab and go home.

A: 千鳥足で歩いてるあの人見てよ。
B: ありゃ飲み過ぎだね。タクシーつかまえて帰ったほうがいいよ。

stag party 男だけのパーティー

こう聞こえる! ▶ [スターグパーァリー]

TIPS
結婚前に花婿のために男の友人たちが開く男だけのパーティーのことです。普通は結婚式の前夜に開きます。

A: We're gonna have a stag party for you before you get married.
B: All right. But don't let me drink too much.

A: お前が結婚する前に男だけのパーティーを開くぞ。
B: いいね。でもあんまり飲ませるなよ。

☐ **tipsy** ほろ酔い

【típsi】　　　こう聞こえる！ ▶ [ティプスィー]

TIPS 酔っている状態を表す語はたくさんあります。一般的にはdrunkです。後ろに名詞を置けばa drunk driver（酔った運転手）となります。他にはtight、intoxicated、hammered、blottoなどがあります。

A: Carol drank too much wine and got tipsy.
B: Someone should drive her home.

A: キャロルはワインを飲み過ぎてほろ酔いになってるよ。
B: 誰か家まで送ってあげたほうがいいよ。

☐ **hangover** 二日酔い

【hǽŋouvər】　　　こう聞こえる！ ▶ [ハングオウヴァ]

TIPS the morning afterとかthe night beforeとも言います。hangoverは比喩的に「後遺症」とか「余波」という意味もあります。

A: Yesterday's party was fun!
B: Yeah. I have a hangover, though. I still have a little headache.

A: 昨日のパーティーは楽しかったね！
B: だね。でも二日酔いだよ。まだ少し頭痛がするよ。

☐ bottoms up　いっき

こう聞こえる! ▶ [バーラムズ**アッ**]

TIPS　「グラスの底（bottom）を上（up）に向ける」、つまり「飲み干す」ということですね。Chug it!とも言います。chugは一気に飲み干すことです。「乾杯！」はCheers!です。

A: Bottoms up!
B: I love Japanese beer. Let's have another round.

A: さあ、ぐいっといきましょう！
B: 日本のビールはうまいね。もう1杯いこう。

☐ bash　にぎやかなパーティー

【bǽʃ】　　こう聞こえる! ▶ [バーシュ]

TIPS　おもしろいパーティーや楽しい集まりのことです。どんちゃん騒ぎ的なイメージもあります。bashは本来「たたきつぶす」という意味があります。give〜bashes and kicksと言うと「〜を殴ったりけったりする」ということです。

A: We had a birthday bash for Yumiko last night.
B: Too bad I couldn't make it.

A: 昨夜、ユミコの誕生日パーティーをしたよ。
B: 行けなくて残念。

パーティー・飲み会

☐ BYOB　飲み物持ち寄り

【bíːwáióubíː】　こう聞こえる! ▶ [ビーワィオゥビー]

TIPS　BYOBはBring Your Own Bottle（Beer）（Booze）の頭文字語です。お酒は飲まない人もいるので、割り勘にしたときに不公平にならないように飲みたいお酒は持参するということです。

🅐: I heard that you guys are giving Asuka a surprise party.
🅑: Right. And it's BYOB. Would you like to come?

🅐: アスカのサプライズパーティーを開くって聞いたんだけど。
🅑: そうなの。飲み物持ち寄りよ。来ない？

☐ have a ball　楽しむ

こう聞こえる! ▶ [ハヴァボーォ]

TIPS　舞踏会（ball）を催す（have）くらい大いに楽しむ（enjoy myself a lot）ということです。have a lot of funとも言えます。

🅐: I heard you had a ball last night.
🅑: Yeah, we went to a karaoke bar and sang and danced the night away.

🅐: 夕べはとても楽しんだって聞いたけど。
🅑: そう、カラオケ行って歌って踊り明かしたよ。

binge 酒盛り

【bíndʒ】 こう聞こえる! ▶ [ビンジ]

TIPS bingeは「過度にやりすぎること」、特に「大酒を飲むこと」や「大量に食べ過ぎ」という意味で使います。shopping bingeというと「散財」のことです。動詞として binge on alcohol（酒におぼれる）のようにも使えます。

A: Did you have a good time at the party last night?
B: Oh, yeah. We went on a binge and were in no shape to drive home.

A: 夕べのパーティーは楽しかった？
B: もちろん。みんながんがん飲んじゃって、運転して帰る状態じゃなかったよ。

bouncer セキュリティー

【báunsər】 こう聞こえる! ▶ [バウンサー]

TIPS クラブやバーの入り口に立っている黒服のことです。bouncerは怪しそうな客や問題を起こしそうな客に対して入場を断ることができます。アメリカでは飲酒は21才からです。bouncerから必ず身分証明書の提示が要求されます。

A: Who is that tough guy standing at the entrance of the nightclub?
B: He is the bouncer. He stops troublemakers from going into the club.

A: クラブの入り口に立ってるあの強そうな人誰？
B: セキュリティーだよ。問題を起こしそうな客をクラブの中に入れないようにしてるんだよ。

hit me again もう1杯

こう聞こえる! [ヒッミーァゲン]

TIPS
hit me againはトランプの親に対して「カードをもう1枚ください」というときに使う表現でもあります。「ビールをもう1杯ください」はCan I have another beer?とも言えます。Hit me on my cell.と言うと「携帯に連絡して」となります。

A: Bartender, hit me again.
B: Yes, sir. Would you like some more peanuts with that?

A: バーテンさん、もう1杯ちょうだい。
B: かしこまりました。もう少しピーナッツもいかがですか。

□ rain check   またの誘い

こう聞こえる! ▶ [レインチェック]

TIPS rain checkは、もともと野球の試合が雨で中止になったときに、別の日に行われる試合を観戦するためにもらう「順延券」のことです。セール品が売り切れのときにも、入荷したらお客さんが買えるようにrain checkを渡します。

A: Would you like to go out to dinner with me tonight?
B: Oh, I'm sorry. I have to work overtime today. Could I take a rain check?

A: 今夜晩ごはん食べに行かない？
B: あ〜、ごめん。今日残業なんだ。また誘ってくれない？

□ gab   むだ口をたたく

【gǽb】   **こう聞こえる!** ▶ [ギャブ]

TIPS gabを名詞として使い、She has the gift of gab.（彼女は口が達者だ）という言い回しもあります。

A: Do you know Carol and Janet?
B: Yeah. They always gab about stupid things.

A: キャロルとジャネット知ってる？
B: うん。いつもくだらないことにむだ口ばかりたたいているよね。

交友

☐ **hogwash** くだらない話

【hágwàʃ】　　　こう聞こえる! ▶ [ハ\グワッシュ]

TIPS hogwashはもともと「豚に与える残飯」のことです。「くだらないもの」「ばか話」の意味でも使います。

A: They should stop that hogwash.
B: Yeah. They always argue about crazy ideas.

A: 彼らはあのくだらない話はやめたほうがいいね。
B: そうだね。いつもバカげたことを議論しているよ。

☐ **buzz** 電話

【bʌ́z】　　　こう聞こえる! ▶ [バズ]

TIPS buzzはブザー(buzzer)の音、つまり電話がなる音です。ハチが「ブンブンと音を立てる」という動詞でもあります。「電話して」はGive me a ring.とも言います。

A: I need to talk to you one of these days.
B: Sure. Give me a buzz tonight.

A: 近いうち話したいことがあるんだけど。
B: いいよ。今夜電話して。

☐ **folks**   人々

【fóuks】   こう聞こえる! ▶ [フォウクス]

TIPS folkは「民族」という意味がありますから、folk songsと言えば「民謡」、folk talesと言えば「民話」ということになります。発音は「フォウク」です。「フォーク」とのばすと食器のフォークになってしまうので注意です。

A: Hi, folks! How's it going?
B: We're all fine! How about yourself, Mr. Taylor?

A: やあ、みんな！ 元気かい？
B: 私たちはみんな元気です！ テーラー先生はいかがですか。

☐ **crack**   (冗談を)とばす

【krǽk】   こう聞こえる! ▶ [クラーック]

TIPS 「にっこりする」はcrack a smileです。「笑顔をとばす」ということです。crack up(笑いころげる)という言い方もします。crackはポキポキと指をならしたり、パンッと木の実を割ったりすることで、冗談や笑いがはじけ飛ぶイメージですね。

A: John is such a funny guy.
B: I agree. He's always cracking a joke.

A: ジョンっておもしろい人だよね。
B: 私もそう思う。いつも冗談とばしてるよね。

□ wind   うわさ

【wínd】 こう聞こえる! ▶ [ウィンドゥ]

TIPS 「風」「風向き」から転じて、「気配」「うわさ」という意味になりました。いわゆる「風のたより」ということですね。

A: They already know about your plot.
B: Gee, how did they get wind of it?

A: あなたの企みはもうばれてるわよ。
B: え〜、どうやってかぎつけたんだろう。

□ pal   友だち

【pǽl】 こう聞こえる! ▶ [パォ]

TIPS pen palと言うと「文通友だち」のことです。下の例文のように呼びかけで男性が主に使い、「お前」とか「よう！」という意味で使う言葉でもあります。

A: I forgot to do my homework!
B: Looks like you're in trouble again, pal!

A: 宿題忘れた！
B: お前、またたいへんなことになったな。

□ game 乗る気

【géim】 こう聞こえる！ ▶ [ゲィム]

TIPS gameはもちろん名詞で「試合」の意味ですが、形容詞として「〜する意志(元気)がある」という意味があります。Who's game to try?と言うと「誰が立ち向かう勇気がありますか？」ということです。

A: Are you game for Tennis?
B: Not really. It's a little too cold outside.

A: テニスする気ない？
B: あんまり。外ちょっと寒すぎるよ。

□ buddy 相棒

【bʌ́di】 こう聞こえる！ ▶ [バディー]

TIPS 「彼らはいつも一緒につるんでいる」と言いたいときもThey are buddies.と言えばOKです。bosom buddyと言えばもっと親密な「親友」という感じです。

A: Tom is such a nice guy.
B: He sure is. He's an old buddy of mine.

A: トムっていい人ね。
B: だろう？ 昔からの俺の相棒さ。

☐ hang out　　ぶらつく

こう聞こえる! ▶ [ハンガゥッ]

TIPS hang outは「つるむ」とか「ぶらぶらして時間を過ごす」というイメージです。hangは本来「掛ける」という意味ですので、hang outは「洗濯物を干す」という意味でも使います。

A : What do you guys usually do after work?
B : We often hang out at a bar in town.

A : あなたたち仕事のあとはどうしてるの？
B : 街のバーで飲んだりしてるよ。

☐ on the same page　　考え方が同じ

こう聞こえる! ▶ [アンダセィムペィジ]

TIPS 「意見が一致して同じ目標をもっている」ということです。in the same boatと言うと「同じ境遇にある」とか「運命を共にする」という意味です。

A : I totally agree with you.
B : All right. We're on the same page.

A : 君に全く賛成だよ。
B : よかった。私たち考え方が同じね。

☐ chit-chat　　雑談

【tʃí(t)tʃæt】　　こう聞こえる！ ▶ [チッチャッ]

TIPS　「ちょっとした会話」や「世間話」という意味です。「ぺちゃくちゃ」というおしゃべりの音のイメージです。インターネットで複数の相手と同時に文字で「おしゃべり」することを「チャット（chat）」と言いますね。

A: We only have a few hours to finish the work.
B: We'd better cut out the chit-chat, then.

A: 仕事を終わらせるのに数時間しかないよ。
B: じゃ、雑談はやめないと。

☐ if　　疑問

【íf】　　こう聞こえる！ ▶ [イフ]

TIPS　ifは普通「もし〜なら」と接続詞として使いますが、「疑問」とか「不確実なこと」という数えられる名詞としても使います。「それは疑問だね」はI doubt it.とも言えます。iffy（不確かな、疑問である）という形容詞もあります。

A: If you graduate from college, you'll probably get a good job.
B: That's a big if.

A: 大学を卒業したら、いい仕事を得られるよ。
B: それは大きな疑問だね。

コミュニケーション　083

pep talk　激励演説

こう聞こえる! ▶ [ペップトーク]

TIPS pepは「活気」「気力」という意味です。やる気がなくなっている人に「激励する」、「喝を入れる」という意味です。pep him up（彼を元気づける）のように動詞でも使えます。

A: They are losing enthusiasm.
B: OK. I'll give them a pep talk!

A: 彼らは情熱を失っているよ。
B: よし、分かった。ひとつ喝を入れよう！

spill the beans　秘密をもらす

こう聞こえる! ▶ [スピォダビーンズ]

TIPS 文字通りに訳すと「豆をこぼす」ですので、秘密がポロポロとこぼれるイメージでとらえます。「故意にではなく、軽率に秘密をもらしてしまう」という意味のくだけた言い方です。

A: I skipped the class yesterday because I went to see a ball game.
B: Don't worry. I won't spill the beans.

A: 昨日は野球の試合を見に行って授業を休んだよ。
B: 心配ないよ。誰にも言わないから。

☐ **fast one** いんちき

こう聞こえる！ ▶ [ファストゥワン]

TIPS 相手に聞こえのいいことを言い、言葉巧みにだますことです。snow jobという言い方もあります。

A: Some bad people will try to pull a fast one on you, you know.
B: I know. I'll be really careful.

A: 世の中には人をだましていんちきをする悪い連中がいるからね。
B: 分かってる。十分気をつけるよ。

☐ **jump to conclusions** 早合点する

こう聞こえる！ ▶ [ジャンプトゥーカンクルージァンズ]

TIPS 結論(conclusion)に飛んでいく(jump)ということですから、「一足飛びに結論を出す」、つまり「早合点する」とか「早とちりする」という意味になります。

A: Does that mean that we'll be accepted?
B: Don't jump to conclusions. There are still a few more things that need to be done before we get accepted.

A: ということは、私たちは承諾されるということですか。
B: 早合点はよくないよ。それまでにはあといくつかやらないといけないことがあるんだから。

コミュニケーション

☐ blab　ぺちゃくちゃしゃべる

【blǽb】　　　こう聞こえる！▶ [ブラーブ]

TIPS blabは秘密をうっかり漏らしてしまうことです。他の人に「しゃべりまくる」ということですね。blabは名詞で「くだらないおしゃべり」とか「おしゃべりな人」という意味もあります。

A: The wives in our neighborhood love to blab.
B: It's such a waste of time, isn't it?

A: 近所の奥さん連中ときたら、しょっちゅうぺちゃくちゃしゃべってるんだよね。
B: それってホントに時間の無駄だよね。

☐ thumbs-up　賛成

【θʌ́mzʌ̀p】　　　こう聞こえる！▶ [サムザッ(プ)]

TIPS 両手の「親指(thumb)」を上に向けてgoodの意味を表すしぐさですね。逆に下を向ければthumbs-down、つまり「不賛成(反対)」という意味です。thの発音は、舌を上下の歯の間に置いて摩擦させます。

A: How was the response to your opinion from other people?
B: Oh, I got the thumbs-up.

A: 他の人たちの反応はどうだった？
B: みんな賛成してくれたよ。

☐ emoticon　絵文字

【imóutikɑn】　　こう聞こえる！▶ [ィ**モ**ウティカン]

TIPS
emotion（感情）とicon（アイコン）を組み合わせた言葉です。メールでASCII（アスキー文字－ピリオドやコンマなどの記号類）を使って文章の合間に書く感情表現です。例えば、ハッピーな気持ちは :-)、ウインクは ;-) などがあります。英語の顔文字は横向きです。

A: Do you often use emoticons in your email?
B: Yes, I do. Actually they're very useful as nonverbal messages.

A: メール打つときよく絵文字使う？
B: うん。実際、絵文字は言葉以外のメッセージとしてとても役に立つからね。

☐ text　（携帯で）メールする

こう聞こえる！▶ [**テ**クストゥ]

TIPS
emailも動詞化してI'll email you.「メールするね。」というふうに使うこともできます。通常、動詞のemailは仕事上でパソコンに、textは個人的に携帯にメールする場合に使います。messageも若い世代では特に動詞として使うことがあります。

A: How should I contact you?
B: You can either text me, or message me on Facebook.

A: あなたにどうやって連絡を取ったらいい？
B: 携帯にメールするか、フェイスブックにメッセージ送って。

コミュニケーション

□ all ears　　　よく聞いている

こう聞こえる! ▶ [オーリィァーズ]

TIPS 自分の身体全体が耳のようになって「一心に耳を傾けている」というイメージです。all eyesと言えば「目を皿のようにして見る」ことです。

A: There's something I want to tell you.
B: Go ahead. I'm all ears.

A: 話したいことがあるんだけど。
B: どうぞ。聞いてるから言って。

□ hunch　　　虫の知らせ

【hʌ́ntʃ】　　こう聞こえる! ▶ [ハンチ]

TIPS 「直感」「予感」のことです。She often acts on her hunch.と言えば、「彼女はよく勘で行動する」という意味です。

A: They lost their game.
B: I had a hunch that they would.

A: 彼らは試合に負けたよ。
B: 何となくそんな予感がしたんだ。

□ bottom　　真相

【bátəm】　　　　　　　　　　こう聞こえる！ ▶ [バーラム]

TIPS bottomは「底」のことです。get to the bottomは「底に着く」、つまり「深いところ(真実、真相)まで調べてみる」ということで、「真相を突き止める」、「全容を解明する」という意味になります。

A: There's something strange going on around here.
B: We'll get to the bottom of this mystery.

A：何か変なことが起こってるよ。
B：必ず真相を突き止めてやる。

□ butt in　　口出しする

　　　　　　　　　　　　　　　こう聞こえる！ ▶ [バーリン]

TIPS buttは「頭をぶつける」という意味です。日本語でも物事や予定がかち合うことを「バッティング(butting)」と言いますね。ここでは、ぶつかるように口出ししてくるイメージです。

A: What's the matter?
B: Well, Ted butted in and messed everything up.

A：どうしたの？
B：あのね、テッドが口出しして全てめちゃくちゃにしちゃったの。

コミュニケーション

louse up — 台無しにする

こう聞こえる! [ラゥザッ(ブ)]

TIPS 「〜を台無しにする」「〜をだめにする」という意味でruinとかspoilと同じように使うことができるくだけた言い方です。louse（複数形はlice）は名詞では虫の「シラミ」のことです。

A: Too bad Jason loused up the deal.
B: Next time I'll ask someone else to do it.

A: ジェイソンが取引を台無しにしたのは残念ですね。
B: 今度は別の誰かにやってもらうように頼むよ。

iron out — 解決する

こう聞こえる! [アィアナウッ(ドゥ)]

TIPS ironは「アイロン」という名詞と「アイロンをかける」という動詞があります。問題にアイロンをかけてきれいにシワを伸ばすというイメージでとらえます。

A: We're in trouble, boss.
B: No worries. We'll iron out the problems.

A: 課長、困ったことになりましたね。
B: 心配するな。我々で問題は解決するさ。

コミュニケーション

☐ ring a bell　　思い当たるふしがある

こう聞こえる！ ▶ [リンガベォ]

TIPS 頭の中でベルが「ピーン！」となって、何かを思い出させてくれる「ひらめき」ようなイメージでとらえます。

A: Do you know those people?
B: Something about them rings a bell, but I can't place their names.

A: あの人たちを知っているの？
B: 思い当たるふしはあるんだけど、名前が出てこないよ。

☐ yup　　うん、その通り

【jʌ́p】　　こう聞こえる！ ▶ [ィヤップ]

TIPS 相手の言ったことに対して同意を表すときのyesのくだけた言い方です。yepともつづります。元気のいい肯定の返事で、女性も使いますが、主に男性が友だちなど近しい間柄に対して使います。

A: I heard you got promoted.
B: Yup! I finally made it!

A: 昇進したって聞いたんだけど。
B: うん！　やっとね！

□ nope   いや

【nóup】　　　　　　　　こう聞こえる! ▶ [ノゥップ]

TIPS yupに対する言葉でnoのくだけた言い方です。yupと同様、友だちに対して気軽に使う言葉です。Naa.とかUh-uh.とも言います。

A: Did you accept the offer?
B: Nope! It didn't seem very interesting to me.

A: その申し出に応じたの?
B: いや！　僕はあまり興味なかったんだ。

□ hurray   やった〜

【hurái】　　　　　　　　こう聞こえる! ▶ [フレィ]

TIPS 「わ〜い！」とか「すご〜い！」というような喜びを表現する言葉です。Yippee!という言い方もあります。日本語で応援するときに「フレー」という言葉はこれから来ています。

A: We'll take you to Disneyland next month.
B: Hurray!

A: 来月ディズニーランドに連れていくよ。
B: やった〜！

kiddo おい

【kídou】　こう聞こえる! ▶ [キドゥ]

TIPS　「おい」「ねえ」「お前」「君」などの親しい友だちに対する呼びかけの言葉です。下の例文のJust a sec.はJust a second.のくだけた言い方です。kid（子ども）という意味もあり、子どもに対しての呼びかけでもあります。

A: We gotta go, kiddo.
B: Just a sec.

A：おい、行くぞ。
B：ちょっと待って。

gosh うわぁ、たいへん

【gáʃ】　こう聞こえる! ▶ [ガーッシ]

TIPS　Oh, my god!の間接的な言い方でOh, my gosh!とも言います。その場合myを軽く発音するので、略式でOmigosh!とつづることもあります。メールでは頭文字を取ってOMGと書いたりもします。

A: I locked myself out of my car yesterday.
B: Gosh! Did you call anybody to come help you?

A：昨日車の鍵を車の中に入れたままドアを閉めちゃったんだ。
B：うわぁ、それはたいへん！誰かに電話して助けに来てもらった？

ひとこと

☐ **poor thing**　かわいそう

こう聞こえる！ ▶ [プァティン]

TIPS　poorは「貧しい」という意味だけではありません。Poor guy!は、「かわいそうな人」という意味です。「かわいそうな」「あわれな」という意味ではpatheticという形容詞もあります。

A: Tim lost his job and doesn't know what to do next.
B: Oh, poor thing!

A: ティムは仕事を失ってどうしていいか分からなくなってる。
B: それはかわいそうに！

☐ **gotcha**　了解

【gátʃə】　　こう聞こえる！ ▶ [ガッチャ]

TIPS　I've got you.のなまった言い方です。会話には使いますが、文章の中でこのようには書きません。「捕まえたぞ」とか、いたずらを見つけて「見〜ちゃった」とか「(トリックに)や〜い、引っかかったね」という意味でも使います。

A: Come see me at 4.
B: Four p.m., gotcha.

A: 4時に会いに来てくれ。
B: 午後4時ね、了解。

☐ attaboy　　よくやった

【ǽtəbɔ̀i】　　　　　　　　こう聞こえる！▶ [アラボイ]

TIPS　That's the boy!のなまりで、「いいぞ！」「でかした！」など人が頑張った行為に対して投げかけてあげる激励や賞賛の言葉です。女の子にはattagirlと言います。

🅐: I got an A in the last math test.
🅑: Attaboy! Keep it up!

🅐: この前のテストでAを取ったよ。
🅑: よくやったね！　これからも頑張ってね！

☐ my bad　　ごめん

こう聞こえる！▶ [マィバードゥ]

TIPS　Sorry.（ごめん）、My mistake.（私の間違いです）、My fault.（私のせいです）という意味です。俗っぽい言い方なので、目上の人には使わないようにしましょう。

🅐: Oh, we missed the train.
🅑: My bad. Maybe I gave you the wrong train schedule.

🅐: あ〜、電車に遅れちゃった。
🅑: ごめん。違う電車のスケジュールをあげてたみたい。

ひとこと

学校では教えてくれない！
課外授業 ❶

TV Dinnerは独身の強い味方

　仕事が終わったあと、「もう疲れて食事は作りたくな〜い。でもご飯はおうちでテレビを見ながらゆっくり食べたい！」そんなとき日本ではお弁当屋さんに直行！　その日の気分で焼き肉弁当にしたり、カラアゲ弁当にしたり。一方、アメリカでは、さすがにお弁当屋さんは見つかりません。もちろん、レストランやファストフードのお店でテイクアウトもできますが、スーパーにTV Dinnerを買いに行く人も多いのです。TV Dinnerは、いわば冷凍のお弁当。冷凍食品王国アメリカの大発明です。中身は、肉、魚、野菜、ポテト、デザートなど、なかなかのものです。たまにはソファーに座ってテレビを見ながらTV Dinnerを楽しむのもいいのかも。これもアメリカ文化の一端です。

第4章

So Sweet!

sweetは、とても使える単語です。「(食べ物が)甘い」という意味もあれば、That is so sweet of you!(あなたはとても親切だわ!)といったように、感謝の気持ちを表すのにも使えます。また、彼氏に向かってYou are so sweet!と言えば「あなたって素敵!」なんて意味になります。この章では、そういった気持ちを表す英語表現を紹介します。

感情
恋愛

freak out　　ビビる

こう聞こえる! ▶ [フリーカゥ(トゥ)]

TIPS ひどく驚いて絶句したり、理性を失ってパニックになることです。freak は a basketball freak（熱狂的バスケットボールファン）のように geek や nerd と同様、「〜狂」や「〜おたく」という意味の名詞でもあります。

A: I freaked out when I saw a snake in the backyard.
B: Yecch! I'm afraid of reptiles, too.

A: 裏庭でへびを見たときはビビったよ。
B: ひゃ〜！　私も爬虫類は大の苦手なの。

pissed off　　ムカつく

こう聞こえる! ▶ [ピスターフ]

TIPS 「頭にくる」「いらつく」というイメージです。品がない言い方なので注意が必要です。下の例文の場合、主語を入れ替えて The way she acted pissed me off. とも言えます。

A: You looked so irritated last night. What was the matter?
B: I got really pissed off because of the way she acted.

A: 昨日はとてもいらいらして見えたよ。どうしたの？
B: 彼女の振る舞いに本当にムカついたんだ。

☐ **hangdog** しょんぼりした

【hǽŋdɑg】　　　こう聞こえる! ▶ [ハン(グ)ダーグ]

> **TIPS**
> hangdogは「しょんぼりした」「びくびくした」「おどおどした」表情を表します。「しょんぼりした顔をしている」はShe looks sad.とも言えます。

A: Bruce always has a hangdog look.
B: Maybe he needs more friends to talk with.

A: ブルースはいつもしょんぼりした顔をしているね。
B: 話せる友だちがもっと必要かもね。

☐ **hit the ceiling** かんかんに怒る

こう聞こえる! ▶ [ヒッダスィーリン]

> **TIPS**
> 怒りの感情が天井(ceiling)にぶつかる(hit)くらい腹が立っている様子を表します。「かんしゃくを起こす」ことはfly into a temperと言います。

A: Craig lost lots of money gambling.
B: His wife will probably hit the ceiling.

A: クレッグはギャンブルでかなり負けちゃったよ。
B: 奥さんは多分かんかんになって怒ると思うよ。

感情

☐ grumpy 不機嫌な

【grΛ́mpi】　　こう聞こえる！ ►［グランピー］

> **TIPS**　「無愛想」とか「怒りっぽい」というイメージです。ill-temperedとも言えます。cheerful（機嫌のいい）の反対です。grumpと言うと「気難しい人」という意味です。

A: How's Bob doing?
B: He's been grumpy since he heard the bad news.

A：ボブはどうしてる？
B：その悪いニュースを聞いてからずっと不機嫌なんだよね。

☐ hyper やけに興奮している

【háipər】　　こう聞こえる！ ►［ハイパー］

> **TIPS**　小さい子どもやペットがあちこちに動き回って手がつけられない状況を思い浮かべてみてください。「異常に緊張して興奮している」とか、「とても活動的」というイメージです。

A: How old is your dog now?
B: Oh, Charlie? He's 6 years old now and extra hyper all the time.

A：君の犬、今いくつになった？
B：あ〜、チャーリーのこと？　6才よ、いつも元気いっぱい。

☐ hit home   胸にぐさりとくる

こう聞こえる! ▶ [ヒッホゥム]

TIPS 相手の言葉や反応などに「胸を打つ」とか、「ひどくこたえる」と言うときに使います。爆弾が「命中する」という意味で使うときもあります。

A: His comments hit home with me.
B: He sure has profound insights.

A: 彼のコメントにはぐさりときたよ。
B: 彼は本当に深い洞察力を持っているね。

☐ kill   まいってしまう

【kíl】   **こう聞こえる!** ▶ [キォ]

TIPS killはもちろん「殺す」という意味です。殺されるくらいまいってしまうということですね。My wife will kill me. と言うと「(そんなことしたら)妻にひどく怒られるよ」という意味になります。

A: This heat is really killing me.
B: I just want to escape from it during the summer.

A: この暑さにはまいってしまうよ。
B: 夏はどこかに逃げ出したいね。

感情

☐ dying 〜したくてたまらない

【dáiiŋ】　　　　　　　　こう聞こえる! ▶ [ディィン]

TIPS dieを進行形で使って「〜したくてたまらない」という意味になります。I really want to 〜とも言えます。下の例文の「彼女に会いたくてたまらない」はI miss her a lot. でもOKです。

A: I'm dying to see my girlfriend in my hometown.
B: You are? Then, why don't you take a few days off and go home?

A: 故郷の彼女に会いたくてたまらないよ。
B: そうなの？　2、3日休暇取って帰ったらどう？

☐ itch むずむずする

【ítʃ】　　　　　　　　こう聞こえる! ▶ [イチ]

TIPS have an itchのように名詞でも使えます。itchは本来むずむずする「かゆみ」のことです。むずむずする抑えられない気持ちや欲望の意味でも使われます。scratch an itch(かゆいところをかく)と言うと「欲望を満足させる」という意味です。

A: Anne is itching to buy that newly released CD.
B: Is it that good?

A: アンは新しく出たCDを買いたくてしょうがないみたい。
B: それってそんなにいいの？

☐ sappy   お涙ちょうだい的な

【sǽpi】   こう聞こえる! ▶ [サピー]

TIPS oversentimental（あまりにセンチメンタルな）という意味です。mawkish（うんざりするほど感傷的な）という語もあります。

A: Do you know what kind of a movie that is?
B: It's supposed to be a sappy movie.

A：それどんな映画か知ってる？
B：お涙ちょうだい的な映画って聞いてるけど。

☐ bummer   がっかり

【bʌ́mər】   こう聞こえる! ▶ [バマー]

TIPS bummerは「期待はずれ」とか「不愉快な経験」のことに使います。また、そのようなことをもたらす「不快な人」や「怠け者」の意味にも用いられます。

A: How was the baseball game last night?
B: Oh, it was a real bummer.

A：夕べの野球の試合はどうだった？
B：あ〜、ホントがっかりだったよ。

感情

blind date 合コン

こう聞こえる! ▶ [ブラインディ(トゥ)]

TIPS 面識のない男女を第3者が引き合わせるデートのことです。いわゆる合コンのようなものですね。未知の相手とのデートで意気投合して結婚してしまう男女もいます。

A: Do you know how Naomi and Jim got to know each other?
B: Yeah. They first met on a blind date and now they're a married couple!

A: ナオミとジムはどうやって出会ったか知ってる？
B: うん。初めは合コンで出会って、今は夫婦だからね。

rebound girlfriend つなぎの彼女

こう聞こえる! ▶ [リバウン(ドゥ)ガールフレン(ドゥ)]

TIPS reboundは「跳ね返り」という意味ですから、自分の恋が1人から2人目に跳ね返っちゃったわけですね。下の例文のBの他にhang out with 〜 on the rebound（つなぎの相手として〜とつき合う）とも言います。

A: I heard Larry and Laura broke up.
B: Yeah, and now he's hanging out with Julie, but he says she's just his rebound girlfriend.

A: ラリーはローラと別れたって聞いたんだけど。
B: そう、で今はとりあえずジュリーとつき合ってるけど、つなぎの彼女らしいんだよね。

☐ **snuggle**　すり寄る

【snʌ́gl】　　　こう聞こえる!▶ [スナゴォ]

TIPS　恋人同士でよく使う表現のひとつです。どちらかと言うと女性がよく使う言葉です。Cuddle me. とも言います。

A: It's cold today, honey.
B: Snuggle up to me.

A: 今日は寒いね。
B: 私に寄りそって。

☐ **smooch**　キス

【smúːtʃ】　　　こう聞こえる!▶ [スムーチ]

TIPS　smoochは人目をはばからないbig kiss。smackという言葉もあります。「チューッ!」と音が出るような愛情のこもった大きなキスのことです。

A: Give me a smooch, sweetheart.
B: Oh, you don't have to ask.

A: ねえ、チューして。
B: 言われなくてもするよ。

第4章　So Sweet!

恋愛

☐ crush　片思い

【krʌ́ʃ】　　こう聞こえる! ▶ [クラッシュ]

TIPS 異性に「夢中になる」「のぼせる」という意味です。「熱愛」は a huge crush とも言います。「片思いの相手」という意味でも使います。

A: Bob has a crush on Jane.
B: Too bad Jane isn't interested in him.

A: ボブはジェーンに片思いなんだよね。
B: 残念ながらジェーンはボブに興味ないみたい。

☐ womanizer　プレイボーイ

【wúmənáizər】　　こう聞こえる! ▶ [ウォーマナイザー]

TIPS いわゆる「女たらし」のことで、もちろんこの場合 playboy も使えます。冗談や嫌味以外では話し相手には使わないようにしましょう。

A: Robby asked me out for a date.
B: Watch out. He's a real womanizer.

A: ロビーにデートに誘われたの。
B: 気を付けて。彼は本当にプレイボーイだから。

□ social butterfly　社交好きの人

こう聞こえる！▶ [ソゥショォバラフラーイ]

TIPS　例えば、あっちのパーティーからこっちのパーティーへと遊びまわる人のことです。butterfly（ちょうちょ）が花から花へふわふわと飛び移るイメージですね。have butterflies in my stomach は「そわそわして落ち着かない」という意味です。

A: Beth is such a social butterfly.
B: Really? She used to be a shy girl.

A: ベスは遊び好きなんだよね。
B: 本当に？　昔はシャイな子だったけど。

□ flirt　いちゃつく

【flə́ːrt】　　こう聞こえる！▶ [フラー(トゥ)]

TIPS　「恋に戯れる」「浮気する」というイメージです。flirt は名詞で「浮気者」という意味もあり、男性にも女性にも使えます。

A: George flirts with girls all the time.
B: That's awful! I don't trust him anymore.

A: ジョージはいつも女の子といちゃついてるんだ。
B: 最低！　もう彼のことは信用できない。

第4章　So Sweet!

恋愛

☐ tie the knot　結婚する

こう聞こえる! ▶ [タィダナッ(トゥ)]

TIPS knotは「結び目」のことで、「きずな」という意味もあります。きずなを結ぶ(tie)のですから、「結婚する」という意味にもなるわけです。

🅐 : Kathy and Frank are in Hawaii on their honeymoon.
🅑 : They finally tied the knot, huh?

🅐 : キャシーとフランクは新婚旅行でハワイにいるよ。
🅑 : とうとう結婚したのね。

☐ hickey　キスマーク

【híki】　　こう聞こえる! ▶ [ヒキー]

TIPS 「キスマーク」は和製英語です。英語では全く通じません！ キスマークのことはlove biteとも言います。直訳すると「愛のかみつき」です。あ〜怖っ！

🅐 : You have a few hickeys on your neck!
🅑 : What? Really? I don't remember anything because I was drunk.

🅐 : あなたの首にキスマークがいくつかついてるよ。
🅑 : えっ？ まじ？ 酔ってたから何も覚えてないよ。

□ cheat　　　浮気する

【tʃíːt】　　　こう聞こえる！ ▶ [チー(トゥ)]

TIPS　cheatは「カンニングをする」という意味でよく使われますが、いわゆる「不正をする」ことです。夫や妻や恋人を欺いて「浮気をする」という意味にも使います。deceive（だます）とかbetray（裏切る）という語もあります。

A: Michael is cheating on his girlfriend.
B: Shame on him!

A: マイケルは彼女を裏切って浮気してるよ。
B: 何てやつだ！

□ ex　　　元カレ

【éks】　　　こう聞こえる！ ▶ [エクス]

TIPS　exは以前付き合っていた人のこと、つまり「元カノ」という意味もあります。または「前妻」「前夫」の意味でもあります。my ex-boyfriendとかmy ex-wifeとも言います。

A: I got a phone call from my ex yesterday.
B: Don't tell me he wants to get you back.

A: 昨日元カレから電話があったの。
B: まさか君とよりを戻したいわけじゃないよね。

第4章　So Sweet!

恋愛

God's gift　　いい男

こう聞こえる！ ▶ [ガッツギフ(トゥ)]

TIPS 直訳すると、「神様からの贈り物」ですが、女性がすぐにうっとりしてしまうような男性のことを言います。

A: Wow David sure thinks a lot of himself.
B: Yeah. He thinks he's God's gift to girls.

A: デイビッドは自分をイケてると思ってるよ。
B: そうだね。彼は女の子がみんなまいってしまうようないい男だと自分で思ってるよ。

knockout　　すごい美人

【nákàut】　　こう聞こえる！ ▶ [ナッカウ(トゥ)]

TIPS ノックアウトのように気絶させられるほどとびきりの美人ということです。素晴らしいヒット商品などに使うこともあります。

A: Have you met Greg's girlfriend?
B: Yeah! She's a real knockout.

A: グレッグの彼女見たことある？
B: あるよ！　すっごい美人だよ。

make a play ちょっかいを出す

こう聞こえる！ [メィカプレィ]

TIPS
playは「遊び」「おふざけ」という意味があります。makeと一緒に使うと、男性が女性に「言い寄る」「誘惑する」という意味になります。

A: Tony is such a playboy he's always asking girls for a date.
B: You better watch out! He's about to make a play for your girlfriend!

A: トニーは本当にプレイボーイでいつも女の子をデートに誘ってるよ。
B: 気をつけた方がいいよ！ あいつは君の彼女にも手を出そうとしているよ！

第4章 So Sweet!

恋愛

学校では教えてくれない!
課外授業 ❷

サーティーワン・アイスクリームでは通じない?

　日本で人気のアイスクリーム店、サーティーワン・アイスクリーム。いろいろな種類のフレーバーがあって、味も最高!　幅広い年齢層に支持されています。サーティーワン・アイスクリームは、もちろんアメリカでも大人気。しかし、お店の名前の呼び方が違います。アメリカではサーティーワン・アイスクリームはBaskin Robbins(バスキンロビンズ)。サーティーワン・アイスクリームと言っても通じません!　日本でも看板をよく見ると、31という数字の近くにBaskin Robbinsと書いてありますね。

　英語では、ロサンゼルスのことは「ロス」ではなくLA[エレイ]、車のベンツのことはMercedes[マセイディーズ]とメルセデスの名前を使うのが一般的です。逆に日本語の「鉄腕アトム」のことを英語ではAstro Boy、瞬間接着剤の「アロンアルファ」のことをKrazy Glueと呼んでいます。英語と日本語での名前の呼び方に違いがあるのも、英語を学んでいく中でのおもしろさのひとつです。

第5章

Facepalm!

facepalmは「信じられない」とか「何とがっかり」という意味です。オンラインチャットやアニメの中でよく使われます。faceは「顔」、palmは「手のひら」です。facepalmは手のひらを顔やおでこに当てる動作のことです。似たような言葉にHeaddesk!があります。頭を机に打ち付けるしぐさです。この章では、このような身体に関係ある言葉や人の性格、動作などを表す英語表現を紹介します。

モノ
からだ
性格
動作

□ pup　　子犬

【pʎp】　　　　こう聞こえる！ ▶ [パップ]

TIPS 子犬はpuppyという言い方もあります。子ネコはkittenとかkitty、子ウマはcolt（雄）とかfilly（雌）とも言います。

A: How old is your dog?
B: Four years old. The first time he came to our house, he was just a tiny pup.

A: あなたの犬は何歳なの？
B: 4才だよ。最初うちに来たときは、本当にちっちゃな子犬だった。

□ different animal　　別物

こう聞こえる！ ▶ [ディファレンアニモォ]

TIPS animalは「動物」以外に「代物」「異様なもの」という意味があります。人や物に使います。The computer is a strange animal. と言えば、「コンピュータは（例えば、時々操作ひとつでデータが消えたり）変なものだ」という意味です。

A: I thought it would be easy for me to play the guitar because I can play the ukulele.
B: Well, a guitar is a different animal from a ukulele.

A: 俺、ウクレレ弾けるから、ギターも簡単に弾けると思ってたよ。
B: あのね、ギターとウクレレは全然別モノよ。

☐ long face　　浮かない顔

こう聞こえる！ ▶ [ローンフェイス]

TIPS long face は悲しそうな顔をイメージさせる言葉です。鏡を見て両手で頬を下に下げてみてください。長くだらーっと下がった顔は「浮かない顔」に見えませんか？

A: Why does he have such a long face?
B: He just failed the exam.

A: 彼はどうして浮かない顔をしているの？
B: 試験に落ちたばっかりなんだ。

☐ butt　　お尻

【bʌ́t】　　こう聞こえる！ ▶ [バッ(トゥ)]

TIPS buttocks の略です。「お尻」は buns とか behind とも言います。ass は下品な言い方です。hip は大腿部から胴までで、腰回りというイメージです。

A: My butt hurts.
B: Are you OK? I just saw you fall down.

A: お尻が痛い。
B: 大丈夫？ さっきころぶのが見えたけど。

beer belly　ビール腹

CD 22

こう聞こえる! ▶ [ビァベリー]

TIPS bellyは「お腹」です。belly buttonは「おへそ」です。お腹にあるボタンという意味ですね。tummyは幼児語で「お腹」「ぽんぽん」です。

A: Look at my beer belly.
B: You should do something before it gets worse.

A: 僕のビール腹見てよ。
B: それ以上ひどくなる前に何とかしなくちゃ。

workout　筋トレ

CD 22

【wə́:rkàut】　　こう聞こえる! ▶ [ワーカウ(トゥ)]

TIPS workoutは筋トレなど体力づくりのためのトレーニングのことです。exerciseのように単に「体操」とか「運動」という意味でも使います。

A: Looks like you are in good shape.
B: I am. I do a thirty-minute workout every day.

A: 体調よさそうだね。
B: そうなの。毎日30分筋トレやってるのよ。

☐ shuteye 睡眠

【ʃʌ́tài】　　　　こう聞こえる! ▶ [シャラーィ]

TIPS
目(eye)を閉じる(shut)ことですから、文字通り「睡眠」とか「昼寝」ということです。Z'sとも言います。昼寝にはnap、うたた寝にはdozeという言葉もあります。

A: Wow, you look like you had a rough day.
B: Yes, I really need to get some shuteye!

A: わ〜、今日はたいへんな1日だったようね。
B: そう、本当に睡眠が必要だ。

☐ athlete's foot 水虫

こう聞こえる! ▶ [アスリー(トゥ)フッ(トゥ)]

TIPS
athleteは「運動選手」のことです。汗ばんで水虫になりそうな足をイメージしますよね。うちの中で靴を脱がない文化では、水虫はかなりの悩みです。また、アメリカにはpodiatristという足病専門医がいます。thの発音を「ス」としていますが、本来は舌と上下の歯を摩擦させる発音です。

A: To tell you the truth, I've got athlete's foot.
B: I know a good ointment. Do you want to try it?

A: 実を言うと水虫ができちゃってさ。
B: いい軟膏の薬知ってるよ。使ってみる？

第5章 Facepalm!

からだ 117

☐ **forty winks** 昼寝

こう聞こえる! ▶ [フォーリーウィンクス]

TIPS catch (have) forty winksはtake a nap(昼寝をする)の略式の言い方です。catch a few winksとかcatch some Z'sと言ったりもします。

A: I'm so tired I feel dizzy.
B: Why don't you catch forty winks? Hope you feel better.

A: とても疲れてふらふらするよ。
B: 昼寝したらどう？ よくなるといいけど。

☐ **couch potato** ソファに横になってテレビにかじりついている人

こう聞こえる! ▶ [カウチポティトゥ]

TIPS couch(長いす)にpotato(ジャガイモ)のようにごろごろしている人のことです。

A: What do you usually do during the weekend?
B: I'm a couch potato, you know. I watch TV and just take it easy at home.

A: 週末はいつもどうしてるの？
B: ごろごろしてるよ。うちでテレビ見てのんびりしてる。

からだ／性格

☐ bad news   要注意人物

こう聞こえる! ▶ [バッニューズ]

TIPS　「要注意人物」「いやなやつ」「厄介者」という意味です。1人の人物を指しても冠詞のaは付けません。

A: Who's that man standing against the wall?
B: Oh, stay away from that guy. He's bad news.

A: あそこで壁に寄りかかってる男の人誰？
B: あ〜、あいつとはかかわらないほうがいいよ。要注意人物だから。

☐ copycat   模倣者

【kápikæt】　こう聞こえる! ▶ [カピーキャッ(トゥ)]

TIPS　followerとも言います。copycat crimeというと「模倣犯罪」のことです。「他人のまねをするだけ」のことをMonkey see, monkey do.とも言います。

A: Don't be a copycat!
B: I know. I'll think of something unique.

A: 人のまねはだめだよ！
B: 分かってるよ。何かユニークなことを考えるよ。

性格

☐ jerk   いやなやつ

【dʒə́ːrk】　　　こう聞こえる！ ▶ [ジャーク]

TIPS　「いやなやつ」とか「バカ野郎」という意味です。bastardという語も同じように使います。かなり強い侮辱的な言葉なので使い方に注意が必要です。

A: George is always mean to me.
B: He can be a real jerk.

A: 彼は私にはいつも意地悪なの。
B: あいつはほんといやなやつさ。

☐ two peas in a pod   うりふたつ

こう聞こえる！ ▶ [トゥーピーズィンナパードゥ]

TIPS　podはえんどう豆などの「さや」のことです。さやの中によく似たpea（豆）が仲良く並んでいる様子が目に浮かびますね。

A: Those girls look like two peas in a pod.
B: They sure do! They must be twins.

A: あの女の子たちうりふたつだね。
B: ほんと！　きっと双子だね。

☐ sissy　　弱虫

【sísi】　　　　　　　　こう聞こえる！ ▶ [スィスィー]

TIPS sissyは子どもをイメージする言葉で、普通、弱虫の男の子や女の子っぽい男の子のことを言うのに使います。形容詞でwomanishは「(男が)女っぽい」、womanlikeと言えば「女性らしい」という意味になります。

A: I screamed when I saw the spider.
B: Don't be such a sissy.

A: クモを見たとき、叫んじゃったよ。
B: そんな弱虫じゃだめじゃない。

☐ night owl　　夜型

こう聞こえる！ ▶ [ナィタウォ]

TIPS night owlは文字通りでは「夜のフクロウ」ですから、夜にパッチリ目を覚ましているイメージです。「夜ふかしができる人」のことですね。下の例文で、〜is onは「テレビで〜がある」という意味です。

A: An interesting movie will be on tonight at 2 o'clock.
B: I want to see it! I'm a night owl, you know.

A: おもしろい映画が深夜2時からテレビであるよ。
B: 見たい！　私は夜型だから遅くまで起きてるのは大丈夫よ。

☐ gold digger　玉の輿を狙う女性

CD 23

こう聞こえる! [ゴゥオディガー]

TIPS gold diggerはそもそも金(gold)を掘る(dig)人、つまり「金鉱探し」や「黄金狂」のことです。お金目当てに男性と交際したり結婚したりする女性に対して使います。

A: Janet got married to a rich entrepreneur.
B: She's one of those gold diggers.

A: ジャネットは金持ちの起業家と結婚したよ。
B: 彼女もまた玉の輿を狙った一人だね。

☐ sucker　かも

CD 23

【sʌ́kər】　こう聞こえる! [サカー]

TIPS 「だまされやすい人」のことです。似たような意味で、naïveという形容詞もあります。日本語の「純真な」「傷つきやすい」という意味の「ナイーブ」とは違います。a sucker for ～は「～に夢中になる人」という意味です。

A: Be careful. They often try to deceive you.
B: Don't worry. I'm not a sucker.

A: 気をつけてね。あの人たちはよく人をだまそうとするから。
B: 心配しないで。僕はかもにはならないよ。

☐ aka　　　別名

【éikéiéi】　　　こう聞こえる! ▶ [エィケィエィ]

TIPS 本来は警察用語でalso known as（〜としてもまた知られている）の略です。「別名」とか「通称」という意味です。犯人などによく使うalias（偽名）や著者のpseudonym（雅号）という言葉もありますよ。

A: Who's the man in that picture?
B: That's Robert Thompson, aka Machine Gun Robby.

A: あの写真の男の人は誰？
B: ロバート・トンプソン、別名マシンガン・ロビーだよ。

☐ good sport　　　さっぱりした人

こう聞こえる! ▶ [グッスポー(トゥ)]

TIPS 負けても悔しさをあとに引きずらない人のことです。「フェアープレイをする人」という意味でもあります。

A: Tim lost the important golf game. He must be discouraged.
B: No worries. He's a good sport.

A: ティムは大事な試合に負けちゃったよ。きっと落ち込んでるよ。
B: 心配ないよ。彼はさっぱりした人だから。

☐ **drag queen**　ニューハーフ　(CD 23)

こう聞こえる！▶ [ドゥラックウィーン]

TIPS　「女装が好きなゲイ」のことです。同性愛者（homosexual）のことを、よくgayと言います。通例男性に用いますが、最近は女性に使う場合もあります。fagとかqueerとも言いますが非常に軽蔑的ですので注意しましょう。「ニューハーフ」は和製英語です。

A: Look at those women in the beautiful dresses.
B: They're not really women. They're drag queens.

A: あそこの綺麗な服を着た女の人たち見てよ。
B: あの人たちは、本当は女の人じゃないんだよ。おネエ系の人たちだよ。

☐ **dude**　めかし屋　(CD 24)

【djúːd】　　こう聞こえる！▶ [ドゥードゥ]

TIPS　「しゃれたやつ」とか「衣服に凝る人」という意味です。単に「男」とか「やつ」、また、呼びかけで「よう！」という意味もあります。下の例文Ａのfastidiousは「口うるさい」という意味です。

A: Steve is fastidious about his clothes.
B: He's a real cool dude.

A: スティーブは服には結構うるさいんだよね。
B: 本当にめかし屋だね。

☐ **eager beaver** がんばり屋さん

こう聞こえる！ ▶ [イーガービーヴァー]

TIPS
「働き者」という意味です。beaver（ビーバー）はあくせく働くイメージがある動物です。それがeager（熱心）なわけですから「がんばり屋さん」です。下の例文のgoof offは「サボる」、get aheadは「出世する」という略式の表現です。slackerは「サボリ屋」です。

A: That guy is an eager beaver. He never goofs off.
B: He really wants to get ahead.

A: あいつはがんばり屋さんだよな。絶対にサボらないよ。
B: 彼は本当に出世したいのよ。

☐ **fruitcake** いかれたやつ

【frúːtkeik】　　こう聞こえる！ ▶ [フルーッケイ(ク)]

TIPS
フルーツケーキが「いかれたやつ」になるとは意外ですね。侮辱的に「おかま」という意味でもあります。下の例文のnuttyも「愚かな」とか「ばかな」という意味です。

A: Larry always has crazy ideas.
B: He's nutty as a fruitcake.

A: ラリーはいつもおかしな考えを持っているね。
B: 彼はすごくいかれてる。

☐ **character** こっけいな人

【kǽriktər】　　　こう聞こえる! ▶ [キャリクター]

TIPS characterは、本来「性格」とか「人物」という意味です。この場合変わったおもしろさを持つ人という意味で使います。

A: Do you remember Mr. Bozina, our music teacher?
B: Of course! He was a real character, wasn't he?

A: 音楽のボズィーナ先生覚えてる？
B: もちろん！ おもしろい先生だったよね。

☐ **slob** ずぼらな人

【sláb】　　　こう聞こえる! ▶ [スラーブ]

TIPS slobは「うすぎたない人」「下品な人」というイメージです。特に服装が乱れて下品に見える場合に使います。

A: He should tuck in his shirt.
B: I know! He really looks like a slob.

A: 彼はシャツのすそをズボンの中に入れたほうがいいね。
B: そうね！ 本当にだらしなく見える。

☐ weirdo　　変人

【wíərdou】　　こう聞こえる！▶ [ウィアドゥ]

TIPS　「変人」はnutterとかnutcaseとも言います。またweirdoの最後のoを取ってweirdとすると「奇妙な」という意味の形容詞です。strangeやunusualより強い意味があります。

A: Who's that dirty-looking guy with the long beard?
B: That's Evelyn's boyfriend. He's a weirdo.

A: あの長いひげを生やしたうすぎたないやつは誰？
B: エブリンの彼氏よ。ちょっと変わった人なの。

☐ pervert　　変態

【pə́rvə:rt】　　こう聞こえる！▶ [パーヴァー(トゥ)]

TIPS　略してpervと言うこともあります。pervertは動詞で「道を誤らせる」とか「悪い方向に導く」という意味もあります。pervert the minds of childrenと言うと「子どもの心を悪い道に導く」ということです。

A: I think that guy has been looking at you since we got here.
B: He must be a pervert. Let's get out of here!

A: 僕たちがここに来てからあいつずっと君のこと見てるよ。
B: きっと変態よ。行きましょう！

☐ wimp　　　意気地なし

【wímp】　　　　　　　こう聞こえる！ [ウィンプ]

TIPS 英語ではchicken（にわとり）をHe's a chicken.のように「意気地なし」とか「臆病者」という意味で使うこともあります。cowardと同じような意味です。

A: Has Paul accepted the job offer yet?
B: No. He got cold feet and declined it. He's such a wimp.

A: ポールはその仕事の申し入れは受けたの？
B: いや。彼はおじけづいて断ったんだ。何て意気地がないやつだ。

☐ penny pincher　けち

こう聞こえる！ [ペニーピンチャー]

TIPS 「すごいけちん坊」「しみったれ」の意味です。pennyは「1セントコイン」、pincherは「どろぼう」の俗っぽい言い方です。1セントを盗むわけですから相当けちですね。似たような言葉でstingyやmiserがあります。

A: She is a penny pincher. She never donates a dollar to any charities.
B: Maybe she's just low on money.

A: 彼女はけちなの。チャリティーに1ドルも寄付しないのよ。
B: 多分ふところが寒いんじゃない。

☐ **bigmouth**　おしゃべり

【bígmàuθ】　　こう聞こえる!　[ビグマウ(ス)]

TIPS　「おしゃべりな人」「秘密などをすぐ漏らしたりする人」のことです。「彼女は話好きだ」と言うときにはShe is talkative.と言います。

A: Christina told me that you've got a new girlfriend.
B: It was a secret. She sure is a bigmouth.

A: あなたに新しい彼女ができたってクリスティーナから聞いたんだけど。
B: 秘密にしてたのに。彼女は本当におしゃべりだな。

☐ **birdbrain**　ばか

【báːrdbrèin】　　こう聞こえる!　[バードゥブレイン]

TIPS　「ばか」とか「まぬけ」という意味です。scatterbrain（おっちょこちょい、注意散漫な人）という語もあります。birdbrained、scatterbrainedとすると、それぞれ「ばかな」「おっちょこちょいの」という形容詞になります。

A: We need to clean the graffiti from the wall of the school building.
B: Who're the birdbrains responsible for that?

A: 校舎の壁の落書きを落とさないと。
B: こんなことをやったばかはいったい誰だ。

第5章　Facepalm!

性格

☐ all thumbs　　不器用な

こう聞こえる! [オーサムズ]

TIPS もし指が全部(all)親指(thumb)だったら、細かい作業はできませんね。だから「不器用」というわけです。似たような言葉でclumsyという形容詞もあります。thの発音は「サ」となっていますが、本来は舌を上下の歯にはさんで摩擦する音です。

A: Are you handy around the house?
B: Not really. I'm all thumbs.

A: あなた、家のまわりきれいにしてる？
B: あんまり。不器用なんだよね。

☐ puke　　ゲーする

【pjúːk】　　**こう聞こえる!** [ピューク]

TIPS 「ゲーする」とか「オエッとする」という意味であまり上品な言葉ではありません。vomitやthrow up(吐く)の略式の言葉です。名詞で使ってthe pukesとすれば「吐き気」とか「むかつき」となります。似たような単語にbarfがあります。

A: What happened?
B: The baby puked after drinking too much milk.

A: どうしたの？
B: 赤ちゃんがミルクを飲み過ぎてゲーしちゃったんだ。

☐ burp げっぷする

【bə́ːrp】　こう聞こえる! ▶ [バープ]

TIPS burpはbelch(げっぷを出す)の婉曲語です。英語圏ではげっぷを出すのはとても下品だとされていますので、もしもげっぷが出てしまったら必ずExcuse me.と言うのが礼儀です。

A: Excuse me. I burped.
B: Oh, that's OK.

A: ごめん。げっぷしちゃった。
B: あ〜、大丈夫よ。

☐ shake off 治す

こう聞こえる! ▶ [シェィカーフ]

TIPS もともと、ほこりなどを「払い落す」とか「振り払う」という意味です。「風邪を払い落とす」と言えば、「治す」ということになります。shake off a bad habitと言えば、「悪い癖を断つ」ということです。

A: Are you feeling OK?
B: Not really. I just can't seem to shake off this cold.

A: 体調は大丈夫？
B: 大丈夫じゃないよ。この風邪がなかなか治らなくて。

□ goof へまをする

【gúːf】　　　こう聞こえる! ▶ [グーフ]

TIPS　「へまをする」とか「どじを踏む」という意味で使います。I goofed on the exam.(テストでへまをやらかしたよ)のように使います。make a goofもOKです。goofyというと「まぬけな」という意味です。

A: What's the matter with you?
B: I goofed and missed the flight.

A: どうしたの？
B: へまして飛行機に乗り遅れたよ。

□ give ~ a pat on the back 激励する

こう聞こえる! ▶ [ギヴ ~ アパーロンダバーク]

TIPS　「~の背中をポンポンと軽くたたく」ということです。人を「よくやった」とか「お疲れさま」と激励したり、ほめたりするときに英語圏では背中をポンポンとたたきます。pat ~ on the backという使い方もあります。

A: Everybody gave him a pat on the back.
B: He really did a great job!

A: みんな彼を激励したよ。
B: 彼は本当によくやったよ！

☐ **hack it** うまく切り抜ける

こう聞こえる! ▶ [ハッキッ(トゥ)]

TIPS 普通、否定文で「うまくいかなかった」とか「無理でした」という意味で使います。hackは「ぶらぶらする」という意味もあります。Just hacking around.と言うと、「ぶらぶらしてるだけさ」となります。

A: The weather was so bad we just couldn't hack it.
B: Yeah, I see what you mean.

A: 天気が悪くてもうどうにもならなかった。
B: そう、本当にその通りだね。

☐ **jot down** さっと書き留める

こう聞こえる! ▶ [ジャッダゥン]

TIPS 「書き留める」「記入する」はwrite downとかput downとも言います。書いてあるものを手書きで「写す」はcopyを使います。copyは機械でコピーすることとは限りません。

A: Let me jot down your telephone number.
B: OK. Are you ready? It's 587-2217.

A: あなたの電話番号を急いで書き留めますから。
B: わかりました。いいですか？ 587の2217です。

☐ blow　　しくじる

【blóu】　　こう聞こえる! ▶ [ブロゥ]

TIPS blowはもともと「風が吹く」とか「〜を吹き飛ばす」という意味です。美容院でもドライヤーで風を吹かせて髪を乾かすことをブローと言いますね。「爆破する」「ぶっ飛ばす」から「へまをする」「大失敗だ」という意味にもなっています。

A: How did you do on your English test?
B: I blew it.

A: 英語のテストどうだった？
B: しくじったよ。

☐ sloppy　　不注意な

【slápi】　　こう聞こえる! ▶ [スラピー]

TIPS 例えば、子どもが食事のときに食べ物をこぼしたり、字の書き方が荒っぽいときに、そのだらしなさを表すためによく使います。また、sloppy jobと言うと「悪い出来ばえ」という意味です。

A: You dropped your food on the floor again!
B: I'm sorry. I'm so sloppy, aren't I?

A: また食べ物を床にこぼしたよ！
B: ごめん。僕って本当に不注意だよね。

stick around　辺りをぶらぶらする

こう聞こえる！ ▶ [ス**ティ**ッカ**ラ**ゥン]

TIPS　「立ち去らずにこの辺にいる」という意味です。特別何も目的がなく街をうろつくことは hang around とか hang about と言います。

A: I'll be going back to my hometown as soon as the summer vacation starts. How about you?
B: Well, I'll stick around for a while.

A: 夏休みが始まったらすぐに帰省するつもりよ。あなたは？
B: 僕はしばらく帰らずにぶらぶらしているよ。

space out　ボーっとする

こう聞こえる！ ▶ [ス**ペ**ィ**サ**ゥッ]

TIPS　spacey という形容詞を使って、She's spacey.（彼女はボーっとしている）とも言えます。「彼女は空想にふけった」は She was lost in a daydream. と言います。

A: What's on your mind?
B: Nothing, I'm kind of tired and spaced out.

A: 何を考えてるの？
B: 何も、何となく疲れててボーっとしてたよ。

☐ fake　ふりをする

【féik】　　こう聞こえる! ▶ [フェイク]

TIPS fakeは「偽物」とか「模造品」という意味がありますが、動詞ではfake illness（仮病を使う）など、略式の使い方で「見せかける」とか「ふりをする」という意味があります。

A: Pat looks sick today. I wonder if she's OK.
B: Oh, she's just faking it. She doesn't want to go to school.

A: パットは今日具合が悪そうなんだけど。大丈夫かな。
B: 仮病よ。学校に行きたくないもんだから。

☐ rack ～ brain　頭を振り絞る

こう聞こえる! ▶ [ラック ～ ブレイン]

TIPS rackは「（家賃など）を絞り取る」とか「～を強く引っ張る」という意味です。下の例文のAを別の言い方で言えば、I'm trying to think of everything I can.となります。

A: I'm racking my brain to find a solution.
B: Tell me if I can be of any help to you.

A: 解決策を見出そうと頭を振り絞ってるよ。
B: 手助けできることがあったら言ってね。

☐ brag　鼻にかける

【brǽg】　　　こう聞こえる! ▶ [ブラーグ]

TIPS He often blows his own horn. と言うと「彼はよく自画自賛する」という意味になります。horn（ラッパ）を高らかに鳴らすイメージですね。下の例文のrhetoricは、「誇張」や「美辞麗句」という意味です。

A: Chris often brags about his success in business.
B: I'm sick and tired of listening to his rhetoric.

A: クリスは仕事で成功したことをよく鼻にかけて話すんだよね。
B: 彼の大げさな言い方にはもうあきあきだね。

☐ put on airs　気どる

こう聞こえる! ▶ [プーロンネアズ]

TIPS 「気どっている」「きざ」はHe's affected.、He's self-absorbed.、He is full of himself.、またはHe is full of his self-importance. とも言えます。

A: I don't like the way he acts.
B: Me neither. He's always putting on airs.

A: 彼のふるまいは気に入らないな。
B: 私も。いつも気どってるんだもん。

screw up　　しくじる

こう聞こえる！ ▶ [スクルーアッ(プ)]

TIPS　「頭がぐるぐると混乱して失敗してしまう」というイメージです。I messed up. とも言います。

A: Wait. I think you're putting on the wrong music.
B: Oops! I screwed up.

A: 待って。違う音楽かけてるようだけど。
B: おっと！　間違えた。

bug　　困らせる

【bʌ́g】　　**こう聞こえる！** ▶ [バグ]

TIPS　bugは「虫」のことです。虫のように人を悩ませたり邪魔したりするイメージです。bugには「盗聴する」という意味もあります。虫は盗聴器のようにテーブルの下や壁の隅っこでじっとしていますよね。

A: Why don't your coworkers like Tim?
B: He always bugs people with his annoying questions.

A: あなたの同僚たちはなぜティムが嫌いなの？
B: 彼いつもうっとうしい質問をしてみんなを困らせるんだよね。

☐ hog　　独り占めする

【hɔ́ːg】　　　　　　　　　　こう聞こえる! ▶ [ハーグ]

TIPS　hogは「豚」です。豚のようにむさぼり食うイメージから、「独り占めする」という意味になります。hog the roadと言うと、他の車が追い抜けないように道路をわがもの顔で車を走らせることです。

A: Megumi is so talkative.
B: I know. She often hogs the conversation.

A: メグミは本当におしゃべりだよね。
B: そうだよね。よく会話を独り占めするね。

☐ sleep on it　　一晩考える

こう聞こえる! ▶ [スリーパニッ(トゥ)]

TIPS　「それの上に寝る」と言っていますが、「(それについて)一晩ゆっくり寝て考える」ということです。Let me sleep on it.とか命令文でSleep on it.の形でよく使います。

A: So, what do you think?
B: Well, I'll sleep on it and give you my answer tomorrow, OK?

A: で、どう思う?
B: そうだね、一晩考えて明日返事するね、いい?

fight off　　克服する

こう聞こえる! ▶ [ファィラーフ]

TIPS　「撃退する」とか「追い払う」という意味ですが、病を「克服する」とか「はね返す」という意味でも使います。下の例文の中のfight it offの発音は「ファイリラーフ」となります。

🅐 : I think I'm getting a cold.
🅑 : You should rest and take some medicine to fight it off.

🅐 : なんか風邪っぽいんだよね。
🅑 : 風邪を克服するには、薬を飲んで休むことね。

scooch　　ずれる

【skúːtʃ】　　**こう聞こえる!** ▶ [スクーチ]

TIPS　「座ったまま横や前後に移動する」動作のことです。この場合move over（詰める）とも言えます。scootとも言います。

🅐 : Is there enough room for me to sit?
🅑 : Sure. Here, let me scooch over. Why don't you sit next to me?

🅐 : 私の座るスペースありますか。
🅑 : もちろん。私が少し横にずれますよ。私のとなりに座りませんか。

pull stunts   ばかなことをする

こう聞こえる! ▶ [プォスタンッ]

TIPS 「愚かなことをする」、「いたずらをする」ということです。stunt(スタント)は「離れ業」や「妙技」のことです。「ばかなこと」も離れ業のように人目を引く行為というわけですね。

A: Larry's always pulling stunts like that.
B: He is gonna get detention again.

A: ラリーはいつもこんなばかなことをしてるの。
B: きっとまた居残りだね。

nitpick   重箱の隅をつつく

【nítpìk】   こう聞こえる! ▶ [ニッピク]

TIPS 「あら探しをする」「つまらぬことにけちをつける」という意味で使います。nitは「シラミの卵」という意味でそれを探して取る(pick)ということです。動物園で母ザルが子ザルの身体についているシラミの卵を取ってあげているシーンを思い出してみてください。

A: I hope I'm not nitpicking at what you do too much.
B: Don't worry. Please tell me whenever you think I'm wrong.

A: あなたのすることに関して重箱の隅をつつくようなことをしていないのならいいのですが。
B: 心配しないでください。私が間違っていると思うときはいつでも言ってください。

第5章 Facepalm!

動 作

学校では教えてくれない!

課外授業 ❸

日本語とは違う野球用語

　太平洋を渡り、今や日本のプロ野球選手が大活躍するアメリカのメジャーリーグ。日本人選手の活躍ぶりは、ニュースなどから、特に野球好きではない人たちの耳にも普通に入ってくる時代になりました。しかし、文化が違う場所で、自分の実力を発揮し続けるのは大変なことです。気候、食文化、考え方も違う。もう身の回りには違うことばかり。その中でも一番大変なことは、やはり言葉なのではないでしょうか。

　野球用語の中にも英語と日本語とでは異なるものがたくさんあります。例えば、打ったボールがワンバウンドしてスタンドに入る「エンタイトルツーベース」は、英語ではground-rule doubleと言います。英語と日本語では、全く違いますね。

日本語	英語
エンタイトルツーベース	ground-rule double
ランニングホームラン	inside-the-park homerun
デッドボール	hit by pitch
フォアボール	walk
バックネット	backstop
ネクストバッターズサークル	on-deck circle
ストレート	fast ball
テキサスヒット	Texas leaguer
ライナー	line drive
ナイター	night game
トップバッター	leadoff man
オープン戦	exhibition game
アンダースロー	underhand
バックスクリーン	center-field screen
バックホーム	throw the ball home

第6章

Cats and Dogs

It's raining cats and dogs. と言うと「雨が激しく降っている」という意味です。日本語では「土砂降り」と言うように激しい雨を土砂にたとえますが、英語ではニャンニャン、ワンワンと騒ぎ立てる猫と犬にたとえます。雨の程度を表すだけでも言語によって様々ですね。この章では、このような程度や物事の状態などを表す英語表現を紹介します。

程　　度
人の状態
物事の状態

□ a whole lot　とってもたくさん

こう聞こえる！ ▶ [ァホゥラッ(トゥ)]

TIPS　an awful lotという言い方もあります。a whole lot betterと言うとbetterの強調で「ずっといい」という意味になります。wholeは「全体」、a whole yearは「まる1年」です。

A: How many questions did they ask?
B: A whole lot!

A：どのくらいの質問がありましたか。
B：とってもたくさんです！

□ humongous　でっかい

【hjuːmʌ́ŋɡəs】　**こう聞こえる！** ▶ [ヒューマンガス]

TIPS　huge（巨大な）とmonstrous（とてつもなく大きい）がくっついた言葉です。「異常に大きい」という意味ではenormousという単語もあります。

A: Look at this steak! Doesn't it look good?
B: Wow! This is an American steak. It's humongous!

A：見てよ、このステーキ！　美味しそうじゃない？
B：わぁ！　これがアメリカのステーキだな。でっけ〜！

☐ zillion　ものすごい数

【zíljən】　こう聞こえる！▶ [ズィリアン]

TIPS　「何兆億」という意味ですが、多くの数を強調して使う言葉です。gazillion とも言います。「ものすごい値段だよ」は It costs you big bucks. でもOK。billionaire（億万長者）と同じように zillionaire も「途方もない大金持ち」という意味です。

A: How much does it cost to own a house in Los Angeles?
B: Well, it costs like zillions of dollars.

A: ロサンゼルスに家を持つにはいくらくらいかかるの？
B: そうだね、ものすごい値段だよ。

☐ kinda　何となく

【káində】　こう聞こえる！▶ [カィンダ]

TIPS　Kinda close! は「おしい！」とか「近い！」という意味。kinda は kind of（まあそんな感じの）の発音綴りです。kind of を続けて発音するので「カインダ」とか「カイナ」に聞こえます。

A: Is the answer 3,482?
B: Kinda close!

A: 答えは3,482ですか。
B: 結構おしい！

第6章　Cats and Dogs

程度

□ suck　最悪

【sʌ́k】　こう聞こえる！ ▶ [サック]

TIPS
suckは、例えば赤ちゃんが指を「しゃぶる」とかおっぱいを「飲む」「吸う」という意味がありますが、ここでは「最低」とか「最悪」という俗っぽい意味です。最近では女性も時々使うようになってきていますが、少し荒っぽく聞こえます。

A: How do you like the book you got last week?
B: It sucks!

A: 先週買った本どう？
B: 最悪！

□ awesome　最高

【ɔ́ːsəm】　こう聞こえる！ ▶ [オーサム]

TIPS
aweは「畏敬の念」という意味です。awesomeは本来「恐ろしい」とか「すさまじい」という意味ですが、日常的に「すごい」「最高」などの意味で頻繁に用いられています。awfulは「ひどい」という意味でよく使います。

A: I'm getting promoted next month.
B: That's totally awesome!

A: 来月昇進するよ。
B: すごいじゃない！

ins and outs 詳細

こう聞こえる! ▶ [インザナゥッ]

TIPS 「詳細」とか「一部始終」という意味です。日本語ではよく「裏も表も」知っていると言いますが、英語では ins and outs（中も外も）ということですね。

A: Do you know how I go about this paperwork?
B: Ask Kaori. She knows the ins and outs.

A: この事務処理のしかた分かる？
B: カオリに聞いて。彼女はすごく詳しいから。

big deal　たいしたことじゃない

こう聞こえる! ▶ [ビッグディーォ]

TIPS big dealは「そりゃすごい」とか「たいしたものだ」ということなのですが、「それがどうしたと言うんだ。たいしたことないじゃないか」という反対の意味で使われることが多いです。もちろんIt's no big deal.とも言えます。

A: Oh, I forgot to turn in my paper today.
B: Big deal! It's not the end of the world.

A: あ、今日レポート提出するの忘れた。
B: たいしたことないよ。この世の終わりではないから。

程度

□ sky-high　めちゃくちゃ高い

【skáihái】　　　こう聞こえる！　[スカィハィ]

TIPS　「天に届くように高い」ということで、法外な値段、賞金、利息などによく使います。また、比喩的に、例えば自信に満ちあふれていることなどにも用いられます。

A: I'm lucky. I work for a department store and I get a discount on merchandise.
B: That's great because lately prices are sky-high.

A：僕はラッキーさ。デパートに勤めてるから商品を割引で買えるよ。
B：いいなあ、最近何でもすごく高いから。

□ to a T　完全に

こう聞こえる！　[トゥーアティー]

TIPS　「全く」とか「完全に」という意味のくだけた言い方です。Tはtittleのことで、「ごくわずか」とか「アルファベットのiなどの上に付いている小点」のことです。

A: I have a good apartment for you. It would suit you to a T.
B: Great! Can I see it?

A：いいアパートありますよ。あなたに全くぴったりですよ。
B：それはいいですね！　見せてもらえますか？

☐ a piece of cake 朝飯前

こう聞こえる! ▶ [アピーソケィク]

TIPS そのまま訳すと「一切れのケーキ」となりますが、「ごく簡単なこと」「朝飯前」という別の意味があります。a cinch とか as easy as pie とも言います。

A: Do you think you can manage it yourself?
B: Yeah, it's a piece of cake.

A: 自分でできる？
B: うん、簡単、簡単。

☐ nick きわどい瞬間

【ník】　　こう聞こえる! ▶ [ニック]

TIPS nickは「刻み目」とか「小さい切り傷」という意味ですが、時間に関しては「きわどいタイミング」の意味で使います。

A: Did you make it?
B: Just in the nick of time.

A: 間に合った？
B: きわどかったけど何とか。

第6章 Cats and Dogs

程度

☐ odds and ends こまごましたこと

こう聞こえる! [アッヅァンエンヅ]

> **TIPS** oddsは「半端なもの」、endsは「いらなくなった切れ端」という意味です。2語を一緒に使ってodds and endsとすると、「種々雑多なこと」とか「がらくた」ということです。

A: It's been a long day and it's almost time to go home.
B: I know, but I still have a few **odds and ends** to take care of before leaving.

A：長い1日だった。そろそろ帰る時間だよ。
B：分かってる。でも帰る前にやらないといけないこまごましたことがあるの。

☐ cranky　不機嫌な

【krǽŋki】　こう聞こえる！ ▶ [クランキー]

TIPS　「気難しい」とか「怒りっぽい」という意味です。睡眠不足などで不機嫌になったり、子どもが物事に飽きて不満を言い出す状況をイメージしてください。

A: The kids are getting tired and cranky from shopping.
B: Maybe we should head home soon.

A: 子どもたちは買い物で疲れて、ぶつぶつ言い出してるよ。
B: そろそろ帰ろうか。

☐ clumsy　不器用な

【klʌ́mzi】　こう聞こえる！ ▶ [クラムズィー]

TIPS　ダンスや動作が「ぎこちない」イメージの言葉です。a clumsy joke と言ったら「下手な冗談」ということです。

A: I heard you play basketball. How are you doing?
B: I'm having a hard time. I'm kind of clumsy, you know.

A: バスケットボールやってるんだって？ どう？
B: もうたいへん。私、不器用だから。

第6章　Cats and Dogs

人の状態

☐ street smart　都会慣れした

こう聞こえる! ▶ [ストゥリーッスマーァ(トゥ)]

TIPS　「都会の生活の裏表を知っている」「都会で上手く生きていくすべを知っている」というイメージです。streetwiseやcity slickerという言葉もあります。

A: How's Takashi doing in Tokyo?
B: I'm sure he's doing OK. He's street smart.

A: タカシは東京でどうしてるの？
B: うまくやってるんじゃない？　都会慣れしてるし。

☐ adorable　　かわいい

【ədɔ́ːrəbl】　　**こう聞こえる!** ▶ [アドーォラボー]

TIPS　日本語の「可愛い」という言葉に当たる英語はたくさんあります。そのひとつがadorableです。女性がよく使う言葉です。子どもや動物、帽子など身に付けるものに対しても使います。

A: Look at that little kitten lying down near the window.
B: It's so adorable! I love cats!

A: 窓のそばに横になってる子ネコ見てよ。
B: かわいい〜！　私、ネコ大好き！

□ **stunning**　　驚くほど美しい

【stʌ́nɪŋ】　　こう聞こえる！ ▶ [スタニン]

TIPS いわゆる「きれい」の強調語です。「目も眩むほど魅力的な」人やドレスなどに使います。また、「とても素晴らしい」とか「非常に驚くべき」というように出来事などにも使えますよ。

A: Have you seen Joanne today?
B: Yeah, she looks stunning.

A: 今日ジョアン見た？
B: うん、すっごく綺麗だよね。

□ **neat**　　素敵

【níːt】　　こう聞こえる！ ▶ [ニー(トゥ)]

TIPS neatは、本来、部屋や服装が「こぎれいな」という意味ですが、物事や人に関して「素晴らしい」とか「素敵」という意味でも使います。「それってすごいね！」ならThat's neat!です。sweetやcoolやdopeという言葉もありますよ。

A: So what did you think of Jennie's boyfriend?
B: I think he's neat!

A: ジェニーの彼氏に会ってどう思った？
B: 彼って素敵！

□ **wishy-washy** 優柔不断な

【wíʃiwàʃi】　こう聞こえる！ ▶ [ウィシーウォシー]

TIPS 決断力がなく、どっちにしようかなかなか決められない人のことを言います。他にirresoluteやindecisiveという言葉もあります。

A : I still can't decide if I should go with her.
B : You're so wishy-washy.

A : 彼女と一緒に行ったほうがいいかどうかまだ迷うな。
B : あなたって本当に優柔不断ね。

□ **stuck-up** うぬぼれた

【stʌ́kʌ́p】　こう聞こえる！ ▶ [スタッカッ(プ)]

TIPS 「うぬぼれが強い」ことをconceitedとも言います。snobは「お高くとまっている人」のことです。「お高くとまっている」という形容詞はsnobbishやsnobbyがあります。

A : She thinks she's smart and above everybody else.
B : She's stuck-up.

A : 彼女は自分が頭がよくて他の誰よりも上だって思ってるんだよね。
B : うぬぼれてるよね。

□ bossy　　偉そうにした

【bɔ́ːsi】　　　　　　　　こう聞こえる！ [バースィー]

TIPS boss（ボス）の形容詞です。「ボスづらした」「威張り散らした」というイメージでとらえます。「偉そうにする人」はbossy bootsです。

A: Ted is so bossy.
B: I know. He's always telling people what to do.

A: テッドは何か偉そうにしてるよね。
B: そう。いつも人に指図しようとするんだよね。

第6章　Cats and Dogs

人の状態

kooky　いかれた

【kúːki】　こう聞こえる! ▶ [クーキー]

TIPS strange(妙な)とかeccentric(気が狂った)のような意味があるくだけた言葉です。kookと言うと「変人」という意味です。似たような語にcuckooがあります。

A: Did you watch the movie that Tom was talking about?
B: Yeah, it was such a kooky movie.

A: トムが話してた映画見た？
B: うん、本当に奇妙な映画だったよ。

bratty　生意気な

【brǽti】　こう聞こえる! ▶ [ブラリー]

TIPS She is such a brat.(彼女は生意気な子だ)とも言えます。bratは「悪ガキ」、その形容詞がbrattyです。

A: That kid is so bratty.
B: He never listens to what his teachers say.

A: あの子は本当に生意気だよね。
B: 先生たちの言うこと全く聞かないんだから。

leery 疑い深い

【líəri】　こう聞こえる! ▶ [リァリー]

TIPS a leery lookと言えば「用心深い表情」となります。suspicious（疑い深い）やcareful（用心深い）と同じようなイメージがある言葉です。

A: What do you think of the new project they're trying to fund?
B: I'm kind of leery of it.

A: 彼らが資金提供しようとしている新たなプロジェクトについてどう思う？
B: 何となく疑わしいな。

handy 役に立つ

【hǽndi】　こう聞こえる! ▶ [ハンディー]

TIPS handyは道具に対して「手ごろな」とか「便利な」という意味でよく使いますが、道具のように効率よく動いてくれて役に立つ人、技術や能力がある人にも使います。

A: I heard that your secretary speaks four languages.
B: Yes. He's so handy, especially when we go abroad on business trips.

A: あなたの秘書は4ヶ国語話せるって聞いたんだけど。
B: そうなんだ。海外出張のときは特に彼は役に立つね。

第6章 Cats and Dogs

人の状態

☐ chubby — ぽっちゃりした

【tʃʌ́bi】　こう聞こえる！ ▶ [チャビー]

TIPS
chubby cheeks（ふっくらしたほっぺ）など、可愛らしいイメージを持つ言葉です。「おけ」や「たらい」のことをtubと言いますが、そのように「丸く太った」という意味でtubby、また大きな肉の塊はchunkですので「ずんぐりした」という意味でchunkyも使います。

A: Which boy are you talking about?
B: Over there! See the one with the chubby face?

A: どの男の子のことを言っているの。
B: あそこよ。あのぽっちゃりした顔の子よ。

☐ kinky — ちりちりの

【kíŋki】　こう聞こえる！ ▶ [キンキー]

TIPS
髪の特徴で「縮れた（もつれた）」はfrizzyと言います。nappyはアフリカ系の人の細かく縮れた髪を想像させます。「巻き毛」はcurly hair、軽くパーマがかかったような波打つ髪はwavy hairです。

A: I hate my kinky hair.
B: I think it looks nice.

A: 私はこのちりちりした髪がきらいよ。
B: 素敵に見えるけどね。

☐ asleep　しびれている

【əslíːp】　こう聞こえる！ ▶ [アスリープ]

TIPS　asleepは「眠っている」という意味ですが、足がしびれて動けない状態を「足が眠っている」と表現します。まひして無感覚になってしまったことをnumbとも言います。

A: My legs are asleep.
B: Mine, too. We sat on the floor too long.

A: 足がしびれたよ。
B: 僕もだよ。僕たち床に長く座り過ぎたね。

☐ under the weather　具合がよくない

こう聞こえる！ ▶ [アンダーダウェダー]

TIPS　「元気がない」とか「病気の」というイメージです。婉曲的に「二日酔いの」という意味でも使うときがあります。

A: Why didn't you come to school yesterday, Karen?
B: Well, I was under the weather.

A: カレン、昨日はなぜ学校に来なかったの？
B: うん、ちょっと具合がよくなくて。

□ **beat** 疲れ切った

【bíːt】　　　こう聞こえる！ ▶ [ビー(トゥ)]

TIPS
very tired や exhausted のくだけた言い方です。「くたくただよ」とか「へとへとだ」というようなイメージでとらえます。dead beat という言い方もあります。

A: You look beat. What's wrong?
B: It's my job. I'm under a lot of pressure.

A: 疲れ切って見えるけど、どうしたの？
B: 僕の仕事。すごいプレッシャーがあるんだ。

□ **corny** 古臭くてつまらない

【kɔ́ːrni】　　　こう聞こえる！ ▶ [コーォニー]

TIPS
tacky とも言います。「陳腐な」とか「ありふれている」というイメージの言葉です。a hackneyed joke（使い古した冗談）とか a banal story（ありふれた話）とも言えます。

A: The actor's performance was corny, don't you think?
B: Yes, I was disappointed, too.

A: 彼らの演技はつまらなかったよね、そう思わない？
B: 同感、がっかりしたよ。

kaput 壊れている

【kəːpút】 こう聞こえる! ▶ [カプッ(トゥ)]

TIPS 車などが「壊れる」という意味です。アメリカではバスも走っている途中で故障して、乗客が別のバスに乗り換えるということがたまにあります。「バスが故障した」はThe bus broke down.とも言えます。

A: My car is kaput again.
B: Better take it to the garage and get it overhauled.

A: 俺の車また壊れちゃったんだ。
B: 修理工場に持って行って、完全に直してもらったら？

---

nasty うっとうしい

【nǽsti】 こう聞こえる! ▶ [ナースティ]

TIPS nastyは天気以外に、He is nasty to me.のように、人が「意地悪な」という意味でも使います。a nasty rumorと言えば、「悪意のあるうわさ」という意味です。

A: Nasty weather, isn't it?
B: Sure is. I'm sick and tired of rain.

A: うっとうしい天気だね。
B: ホント。雨にはもうあきあきだよ。

spooky　幽霊が出そうな

【spúːki】　こう聞こえる! ▶ [スプーキー]

TIPS　「幽霊がでるような不気味さ」を意味します。例えば「呪われた館」(a spooky house)のイメージです。a spooky placeというと「幽霊が出そうな場所」という意味です。

A: That area is kind of spooky at night.
B: I know. We should never walk there when it gets dark.

A: あの辺りは夜は何となく不気味よ。
B: 知ってる。暗くなったら絶対そこは歩いちゃだめだよ。

lame　つまんない

【léim】　こう聞こえる! ▶ [レィム]

TIPS　boring(つまらない)のくだけた言い方として使います。lameは本来「(足が)不自由な」という意味です。a lame excuseと言うと「苦しい言い訳」という意味になります。

A: How do you like the CD you got a few days ago?
B: Well, to tell you the truth, most of the songs are kind of lame.

A: 何日か前に買ったCDはどう?
B: う〜ん、本当のこと言うと、ほとんどの歌はつまんないね。

dumb くだらない

【dʌ́m】 こう聞こえる! ▶ [ダム]

TIPS: Where did you get that dumb thing?と言うと「どこでそんなくだらないもの手に入れたんだ」という意味になりますが、少し荒々しい言い方に聞こえますので注意です。

A: How's your new boss?
B: He's OK, but he often asks me dumb questions about the software we use.

A: 新しい上司はどう?
B: まあまあ。でも使っているソフトウェアについてよくくだらない質問をするんだよね。

nippy 肌寒い

【nípi】 こう聞こえる! ▶ [ニピー]

TIPS: coldのくだけた言い方です。chillyという語もあります。nip([犬などが]噛む)の形容詞として「よく噛む癖がある」という意味もあります。

A: It's a bit nippy this morning.
B: Be sure to wear your warm jacket when you go outside.

A: 今朝はちょっと肌寒いよ。
B: 外出するときは暖かいジャケットを着て行きなさい。

☐ **gross** キモい

【gróus】 こう聞こえる！ ▶ [グロゥス]

TIPS
「ひどい」とか「きたない」という意味でも使います。もちろんGDP（Gross Domestic Product－国内総生産）のように「総計の」という意味もあります。

A: He eats rice with milk on it.
B: That's so gross!

A: 彼ご飯にミルクをかけて食べるんだよね。
B: それキモい！

☐ **creepy** 身の毛がよだつ

【kríːpi】 こう聞こえる！ ▶ [クリーピー]

TIPS
「ぞっとする」「気味の悪い」という意味の怪談をイメージさせるような言葉です。freakyとかscaryという言葉もあります。

A: How was that horror movie you saw last night?
B: Oh, it was creepy!

A: 夕べ見たホラー映画どうだった？
B: あ〜、身の毛がよだったよ。

catchy 覚えやすい

【kǽtʃi】 こう聞こえる! ▶ [キャチー]

TIPS: 「音楽」や標語などの「言葉」が「楽しくて覚えやすい」というときに使います。音や表現を簡単にキャッチできるということですね。

A: I like this song.
B: Me, too. It's very catchy, isn't it?

A: この曲好きだなぁ。
B: 私も。覚えやすいよね。

fishy うさんくさい

【fíʃi】 こう聞こえる! ▶ [フィシー]

TIPS: suspicious（疑わしい）とかdubious（いかがわしい）とも言えます。fishyは、もちろん「魚臭い（生臭い）」という意味もあります。

A: Seems like there's something fishy going on around here.
B: Maybe we'd better check and find out what it is.

A: 何かうさんくさいことが起こっているようだ。
B: ちょっと調べてみる必要があるかもしれませんね。

第6章 Cats and Dogs

物事の状態

☐ hilarious すごくおもしろい

【hilέəriəs】　　　　　こう聞こえる！ ▶ [ヒレアリアス]

TIPS　「とても愉快な」(extremely funny)という意味です。a hilarious movie（とてもおかしい映画）とか He was hilarious.（彼は浮かれ騒いでいた）のようにも使えます。

A: Have you met Greg? His hilarious jokes always make everybody laugh.
B: I haven't met him yet. I definitely want to see him.

A: グレッグに会ったことある？　いつも超ウケる冗談でみんなを笑わせてるのよ。
B: まだ会ったことないよ。是非会ってみたいね。

☐ sassy 粋(いき)な

【sǽsi】　　　　　こう聞こえる！ ▶ [サスィー]

TIPS　「粋な」とか「陽気な」という意味です。「ませた」とか「生意気な」という意味でも使われますので、ちょっとクセのある言葉です。

A: Hey, that's a sassy little hat you're wearing!
B: I bought it for Easter.

A: よ〜、粋な帽子かぶってるね！
B: イースターのために買ったんだよ。

off-color 下品な

【ɔ́fkʌ́lər】　　こう聞こえる! ▶ [アフカラー]

TIPS 冗談が「きわどい」という意味で使います。本来は「色が合わない」という意味です。「顔色がよくない」「気分が悪い」という意味もあります。「わんぱくな」という意味のnaughtyも「卑猥な」「下品な」という意味があります。

A: He often makes off-color jokes, doesn't he?
B: Yeah. I don't really like the way he talks.

A: 彼よく下品な冗談を言うよね。
B: そうね。彼の話し方は嫌い。

---

cozy 居心地のよい

【kóuzi】　　こう聞こえる! ▶ [コゥズィー]

TIPS cozyは「安全で心地よい」というイメージです。ネコが丸くなる場所を想像したらいいかもしれません。cozy nookと言えば「居心地のいい隅っこ」のことです。

A: Why don't you sit on the sofa?
B: I prefer sitting on the floor. It's so warm and cozy with the heater.

A: ソファーに座ったらどう？
B: 床に座っている方がいい。ヒーターのそばで暖かくて居心地がいいよ。

第6章 Cats and Dogs

物事の状態

☐ sticky 厄介な

【stíki】　こう聞こえる！ ▶ [スティキー]

TIPS　「厄介な」とか「面倒な」という意味で使います。下の例文の場合、delicateも使えます。そもそもstickyはstick（くっつく）の形容詞で、「べたべたしている」という意味です。「湿気があって蒸し暑い」という意味もあります。

A: We're in a really sticky situation.
B: You're right. So, how should we handle this problem?

A: 私たちは本当に厄介な状況にいるね。
B: そうだね。さて、この問題をどう解決しようか？

☐ dinky ちっぽけな

【díŋki】　こう聞こえる！ ▶ [ディンキー]

TIPS　smallのくだけた言い方で、通常ネガティブな意味で用います。町（town）やホテルなどの建物が小さいこと（ちっぽけなこと）についてよく使います。

A: This is a dinky old town.
B: I know, but people living here are so nice and friendly.

A: ここはちっぽけな古びた町だね。
B: そうだね、でもこの町の人たちはとても親切よ。

crystal clear 非常に明白な

こう聞こえる! ▶ [クリストークリァ]

TIPS 「水晶」(crystal)のように澄みきったように「明らか」(clear)、「分かりやすい」ということです。文字通り「水晶のようによく澄んだ」という意味でも使います。

A: I just want to make one thing crystal clear.
B: OK. Please go on.

A: ひとつ完全に明らかにしたいことがあるのですが。
B: 分かりました。話を続けてください。

zany ばかげた

【zéini】　こう聞こえる! ▶ [ゼィニー]

TIPS 「ばかげていておもしろい」という意味のくだけた言い方です。wackyという語もあります。a wacky ideaと言うと「奇抜なアイディア」という意味です。

A: Chris is such a funny guy.
B: Yeah. He always amuses people with his zany humor.

A: クリスはとってもおかしいやつだな。
B: 本当。いつもばかげたユーモアで人を楽しませてるよね。

第6章 Cats and Dogs

物事の状態

□ green　環境に優しい

【gríːn】　　こう聞こえる！　[グリーン]

TIPS environment-friendly とか environment-conscious とも言えます。green には「嫉妬している」とか「未熟な」という意味もあります。

A: Recently many countries have been going green.
B: We need to make every effort to save energy.

A：最近多くの国が環境に気を遣っていますね。
B：エネルギー節約のためにはどんな努力も惜しんではいけないね。

第7章

Ready, Set, Go!

Ready, Set, Go!は、「位置について、よーい、どん！」という意味です。スポーツの大会などで使われたり、腕相撲の始まりの時などでも言ったりします。この章では、そういった娯楽や趣味に関する英語表現を紹介します。

旅　行
娯　楽
スポーツ

☐ LA ロサンゼルス

【èléi】　　　こう聞こえる！ ▶ [ェレィ]

TIPS ロサンゼルスのことを日本語ではよくロスと略して言いますが、英語ではLosとは言いません。Losが付く地名はアメリカには他にもたくさんあるので、ロサンゼルスはLAと略します。洋画などでLAPDという言葉が出てきたら、Los Angeles Police Department（ロサンゼルス警察）のことです。

A: So what are you going to do during the Christmas vacation?
B: I'm going to LA to visit my mom and dad.

A: ところでクリスマス休暇はどうする予定？
B: おやじとおふくろに会いにロサンゼルスまで行って来るよ。

☐ Big Apple ニューヨーク

こう聞こえる！ ▶ [ビーガポー]

TIPS ニューヨークをBig Appleと呼ぶように、アメリカの大都市にはよくニックネームがついています。例えば、シカゴはWindy City、シアトルはEmerald City、ビールで有名なミルウォーキーはSuds City（ビールの街）と呼ばれています。

A: The Big Apple is a city that never sleeps.
B: Right. It's also the cultural and financial heart of America.

A: ニューヨークは眠らない街だね。
B: そう。アメリカの文化と金融の中心でもあるよね。

☐ Big Island　ハワイ島

こう聞こえる！▶ [ビーガィラン]

TIPS　ハワイ諸島で一番大きい島は、南に位置するハワイ島です。そういう意味でハワイ島のことをBig Islandと呼んでいます。キラウエア火山やマウナケア山頂に、日本の国立天文台が建設したすばる望遠鏡がある島です。

A : Have you ever been to Hawaii?
B : Oh, yes. I usually go to Oahu, but last year I visited the Big Island for the first time.

A : ハワイに行ったことある？
B : あるよ。いつもはオアフ島に行くんだけど、去年初めてハワイ島に行ってみたよ。

☐ down under　オーストラリアへ

こう聞こえる！▶ [ダゥンアンダー]

TIPS　「ニュージーランドへ」という意味でもあります。北半球にある欧米から見てオーストラリアやニュージーランドは下（南半球）にあるのでこういう言い方が生まれました。この例は副詞ですが、Down Underと大文字にすれば名詞になります。

A : Have you been down under?
B : No, I never have. I want to go there someday.

A : オーストラリアには行ったことある？
B : まだないんだよね。いつか行ってみたいけど。

旅 行

tix　チケット

【tíks】　　こう聞こえる! ▶ [ティクス]

TIPS ticketsのくだけた言い方です。ちなみにticketは「切符」という意味以外にも、例えば、「交通違反の罰金支払い用紙」や「政党の公認候補者たち（集合的）」という意味もあります。

A: Where do we buy the tix?
B: Right over there. Can you see the booth right next to the bookstore?

A：チケットはどこで買ったらいいんですか？
B：あそこですよ。本屋さんのとなりにブースが見えますか？

red-eye　深夜便

【rédài】　　こう聞こえる! ▶ [レーダィ]

TIPS 深夜に運行している飛行機や列車のことです。深夜に旅をして睡眠不足で目が赤くなることに由来しています。

A: So how did you guys get here?
B: We caught the red-eye.

A：あなたがたはここへはどうやって来たんですか？
B：深夜便で来ました。

☐ **vacay** 休暇

【véikei】 こう聞こえる！ [ヴェイケイ]

TIPS vacationのくだけた言い方です。人は言いやすいようにいろんな言葉を短くしてしまいますね。「休暇で出かける」はI'm going on vacay.となります。

A: How was your vacay to Hawaii with Haruka? You got a great tan.
B: Oh, it was wonderful. We went to the beach and just took it easy.

A: ハルカと行ったハワイの休暇はどうだった？ きれいに日焼けしてるね。
B: うん、もう最高だった。ビーチでゆっくり過ごしたよ。

☐ **ghetto** スラム街

【gétou】 こう聞こえる！ [ゲトゥ]

TIPS もともとは、ヨーロッパでユダヤの人たちを強制的に居住させた地域のことです。アメリカでは治安の悪い地域のことを言います。the slumsとも言います。

A: He's such a successful businessman.
B: Who would believe he grew up in a ghetto?

A: 彼はホント立派に成功したビジネスマンだよ。
B: 彼がスラム街出身だなんて誰も信じないよね。

□ **must-see** 必見のもの

【mÁstsìː】　　　こう聞こえる！▶ [マスッツィー]

TIPS　must see（見なければならない）が名詞化した形です。must-haveは「必須アイテム」のことです。mustだけで「不可欠なもの」という名詞でも使えます。

A: I'm going to San Francisco next month.
B: Then, the Golden Gate Bridge is a must-see.

A: 来月サンフランシスコに行くんだ。
B: じゃ、ゴールデンゲートブリッジは必見よ。

□ **moviegoer** 映画ファン

【múːvigòuər】　　　こう聞こえる！▶ [ムービーゴウワー]

TIPS　film fanaticとも言います。goerは「行く人」「積極的に取り組む人」という意味です。「コンサートによく行く人」はconcertgoer、「教会に（礼拝に）よく行く人」はchurchgoerです。

A: How often do you go to the movies?
B: Last time I went to see a movie was about three years ago. I'm not really a moviegoer.

A: どのくらい頻繁に映画見に行くの？
B: 最後に見たのは3年くらい前。私そんなに映画ファンじゃないのよね。

☐ my cup of tea　趣味、好み

こう聞こえる! ▶ [マイ**カ**パティー]

TIPS　所有格＋cup of teaは「(その人の)好み」「十八番」という意味です。another cup of teaと言うと「全く別のこと」「別問題」という意味になります。

A: Are you familiar with Major League Baseball?
B: Not really. Baseball isn't my cup of tea.

A: メジャーリーグのことよく知ってる？
B: それほどでも。野球は私の趣味ではないから。

☐ clotheshorse　服装に凝る人

【klóuzhɔ̀ːrs】　こう聞こえる! ▶ [ク**ロ**ウズホーォス]

TIPS　ファッションをひたすら追いかけたり、服装の流行ばかり気にしている人のことです。その人をけなして言う場合にもよく使います。もちろん、You sure love clothes. とか You sure have a lot of clothes. とも言えます。

A: You sure are a clotheshorse.
B: Yes. I love dressing up.

A: あなたは本当に服装に凝る人ね。
B: そう。おしゃれするのが好きなんだ。

娯楽

☐ **gaga**　　夢中

【gá:gà:】　　こう聞こえる！ ▶ [ガーガー]

TIPS ある特定のファッションやアイドルなどが熱狂的に好きで、興奮して夢中になることです。fascinated（魅了されている）とかdevelop an infatuation for ～（～にのぼせあがる）という表現もありますよ。

A: Tatsuya is going gaga over the young female singers from South Korea.
B: I don't blame him because they're so attractive.

A: タツヤは韓国出身の女性歌手たちに夢中になってるんだ。
B: 無理もないよ。彼女たちすごく魅力的だもん。

☐ **cosplay**　　コスプレ

【kázplei】　　こう聞こえる！ ▶ [カズプレィ]

TIPS 「コスプレ」はもともと和製英語でしたが、アニメ人気の影響で英語に逆輸入されました。animationからできた「アニメ」という和製英語もanimeとして「日本の漫画」という意味で使われています。

A: Anime is so popular among young people in the United States.
B: So is cosplay. Many anime fans love to look like anime characters.

A: アニメはアメリカの若い世代にすごい人気だよ。
B: コスプレもよ。アニメファンはアニメのキャラクターの格好をするのが本当に好きなの。

□ hooked　はまった

【húkt】　こう聞こえる! ▶ [フック(トゥ)]

TIPS　「〜に熱中する」という意味です。be hooked on 〜 という形で使います。また、hookedは「麻薬中毒になっている」という意味もあります。下の例文でテレビゲームは英語ではvideo gameと言います。

A: How's Bobby doing?
B: As a matter of fact, he's hooked on video games.

A: ボビーは元気？
B: 実はね、テレビゲームにはまっちゃってるよ。

□ geek　おたく

【gíːk】　こう聞こえる! ▶ [ギーク]

TIPS　社交的ではないけれども、専門的なことにはやたらと詳しい人のことです。「〜おたく」とか「〜狂」というふうに使います。nerdという言い方もあります。

A: Can you show me how to use the software I just got?
B: Ask Jim. He is a computer geek.

A: 新しく買ったソフトの使い方教えてくれない？
B: ジムに聞いて。彼はコンピュータおたくだから。

娯楽

□ fussy　　好みがうるさい

【fʌ́si】　　こう聞こえる！▶ ［ファスィー］

TIPS　食べ物に好みがうるさい人をa fussy eaterと言います。同じような意味でpickyという言葉もあります。fussは「空騒ぎ」とか「不平」という意味です。「ささいなことで大騒ぎする」ことをmake a fussと言います。

A: Kathy often goes to boutiques in town.
B: I know. She is kind of fussy about her clothes.

A: キャシーはよく街のブテックに行ってるよ。
B: 知ってる。彼女、服には好みがうるさいから。

□ catch　　ショーを見る

【kǽtʃ】　　こう聞こえる！▶ ［キャーッチ］

TIPS　catchは「ショーを見る」とか「講演を聞く」という意味があります。どちらかというと「見逃さない」というイメージです。また、「わな」「落とし穴」という意味もあります。What's the catch? と言うと「何がねらいだ？」という意味になります。

A: Did you see the new movie?
B: Nope, not yet. Do you want to catch the 5pm showing?

A: 新しい映画見た？
B: まだよ。5時のショー見に行く？

fave　　お気に入り

【féiv】　　こう聞こえる！▶ [フェイヴ]

TIPS　favoriteの略でティーンエイジャーがよく使う言葉です。her fave music（彼女のお気に入りの音楽）のように形容詞としても使います。

A: Christie Jackson's new CD is on sale now.
B: Really? I'll definitely buy one. She's one of my faves.

A: クリスティー・ジャクソンの新しいCDが発売されてるよ。
B: 本当？　絶対買う。好きな歌手の1人なんだ。

sitcom　　連続ホームコメディー

【sítkɑ̀m】　　こう聞こえる！▶ [スィッ(トゥ)カム]

TIPS　sitcomはsituation comedyの略です。テレビで放映されるホームコメディーです。同じ登場人物が出てきますが毎回ストーリーが違う愉快な番組です。

A: Do you like to watch TV sitcoms?
B: As a matter of fact, I do. Full House was one of my favorite shows.

A: テレビで連続ホームコメディー見るの好き？
B: 実は好きなのよね。「フルハウス」はホントによく見てた。

☐ kick　　熱中

【kík】　　こう聞こえる! ▶ [キック]

TIPS　get a kick out of ～で「楽しんでいる」とか「熱中している」のように、何かに夢中になったり興奮したりすることに使います。人に対して「～にしびれる」とか「～にくびったけ」という意味で使う場合もあります。

A: Jim gets a kick out of playing computer games.
B: I don't blame him. Computer games are so entertaining.

A: ジムはコンピュータゲームに熱中してるよ。
B: 無理もないよ。コンピュータゲームは本当におもしろいから。

☐ X-rated　　わいせつな

【éksreitid】　　こう聞こえる! ▶ [エクスレイティ(ドゥ)]

TIPS　X-ratedは「わいせつな」とか「いかがわしい」という意味で、映画以外にもX-rated magazine（成人向け雑誌）などに使います。その度合いを強調してXXXと表したりもします。保護者同伴指定はR-ratedです。

A: Hey! That's an X-rated movie. You don't want to see it, do you?
B: Is it? Oh, I didn't know.

A: ほら！　それ成人映画よ。見たくないでしょう？
B: そうなの？　知らなかった。

sweep 連勝

【swíːp】　こう聞こえる! ▶ [スウィープ]

TIPS　sweepはもともとほうきで部屋を掃くことです。相手チームを簡単に一掃してしまうという意味です。メジャーリーグでは、観客がほうきを持って応援する姿も見られます。sweepは上位を独占するという意味でも使います。

A: The Yankees made a clean sweep again.
B: They're doing so well in this season, aren't they?

A: ヤンキースはまた連勝だよ。
B: 今シーズンは調子いいよね。

hang in there 頑張る

こう聞こえる! ▶ [ハンギンデァ]

TIPS　hangはもともと「ぶら下がる」という意味ですが、ここでは、最後まであきらめず「食い下がる」ということです。

A: I'm too tired to practice.
B: Hang in there! You have an important game next week.

A: もうきつくて練習できないよ。
B: 頑張って！　来週大切な試合があるんだから。

スポーツ

□ root 応援する

【rúːt】　　こう聞こえる！ ▶ [ルートゥ]

TIPS チアリーダーと言うように「応援する」にはcheerという言葉もあります。観客が野球の7回の攻撃の時に決まって歌う歌の歌詞にRoot, root, root for the home team.(ホームチームを応援しよう)という一節がありますよ。

A: Are you going to see the ball game on Sunday?
B: Of course! We're going to root for our home team!

A: 日曜日に野球の試合見に行く？
B: もちろん！ ホームチームを応援しないと！

□ fix 八百長

【fíks】　　こう聞こえる！ ▶ [フィックス]

TIPS fixは「八百長」とか「いかさま」という意味です。fixを動詞として使って、I think yesterday's match was fixed. とも言えます。また、相場(market)や価格(prices)を不正に操作することをrigと言います。例えばrig the marketやrig pricesのように使います。

A: I hear there's something suspicious going on in the tournament.
B: I think yesterday's match was a fix.

A: トーナメントでは何か怪しいことが行われているって聞いてるけど。
B: 昨日の試合は八百長だと思うよ。

☐ lousy　　　下手くそな

【láuzi】　　　　　　　　　こう聞こえる！ ▶ [ラゥズィー]

TIPS 単に「ひどい」というイメージで幅広く使われます。例えば、a lousy day（ひどい日）、a lousy player（下手な選手）、I feel lousy.（気分は最低）などです。

A: How's your Chinese?
B: Oh, it's lousy.

A: あなたの中国語はどうですか。
B: いや〜、ひどいものです。

☐ sore loser　　　負けてぐずぐず言う人

こう聞こえる！ ▶ [ソァールーザー]

TIPS good sport（いさぎよい人）の反対の意味を持つ言葉です。sore は sore throat（のどが痛い）と言うように「痛い」という形容詞ですが、「腹を立てた」とか「悲嘆に暮れる」という意味もあります。

A: He always complains when he loses a game.
B: He's such a sore loser.

A: 彼は試合に負けたらいつも文句を言ってる。
B: 何て負けっぷりのよくないやつだ。

スポーツ

showdown　大詰め

こう聞こえる！ ▶ [ショウダウン]

TIPS　「土壇場」「決定的瞬間」というイメージです。そもそも、ポーカーで手持ちのカードを見せ合って勝負を決めることですが、いろんな状況での「最終的段階」という意味で使います。

A: This is such a close game, and we have only ten minutes left.
B: It looks like there might be a showdown.

A: この試合はすごい接戦だね。あと試合時間は10分しかないよ。
B: よ〜し。いよいよ大詰めだ。

clobber　やっつける

【klábər】　**こう聞こえる！** ▶ [ｸラバー]

TIPS　「ぶん殴る」という意味のくだけた言い方です。「こてんぱんにやっつける」という意味でも使います。get clobberedと言うと、新聞などに「たたかれる」「酷評される」ということです。

A: How was yesterday's game in Boston?
B: The Red Sox clobbered the Yankees 12-0.

A: 昨日のボストンの試合はどうだった？
B: レッドソックスがヤンキースを12対0でやっつけたよ。

コミュニケーションが円滑になる!
学校では教えてくれない **3**つのこと

1. Eメールで使う頭文字語・短縮語

　Eメールを打つ場合、短縮語を使えばより短い時間で情報が共有できます。日本語でも「ホムペ」(ホームページ) や「コピペ」(コピー・アンド・ペースト) など、特に若者世代が創り出す短縮語は後を絶ちません。英語の場合、フレーズの頭文字を取って頭文字語 (acronym) にすることがよくあります。正式な書き方ではありませんが、Eメールではビジネス用として使われるものもあります。

	頭文字語・短縮語		意　味
★	ASAP	as soon as possible	できるだけすぐに
	bf/gf	boy friend / girl friend	彼氏／彼女
	brb	be right back	すぐ戻ります
	BTW	by the way	ところで
★	COB	close of business	営業時間内
	DIY	Do it yourself	自分でやろう
★	FYI	for your information	ご参考までに
	gtg	got to go (=gotta go)	行かなくちゃ
	HAND	have a nice day	よい1日を
	IDK	I don't know	わかんな〜い
	lol	laugh out loud	爆笑　w
★	N/A	not applicable	該当なし
★	NLT	no later than	(期日・時間) までに
★	RSVP	Répondez s'il vous plaît.	ご返事お願いします

★マークは、ビジネスでも使われる短縮語を示しています。

HAND

頭文字語・短縮語		意　味
ttyl	talk to you later	またあとで
WTF(GO)	What the fuck (is going on)?	いったいどうなってるんだ？
WTG	Way to go!	よくやった！
WTH	What the hell?	いったいなんなんだ？
C U	see you	じゃあ
C4N	ciao for now	またね
l8r	later	あとで
Pls/Plz	Please 〜	〜お願いします
THX	Thanks	どうも
2	to/ too	
4	for	
@	at	
b4	before	
r	are	
u	you	
ur	your	
urs	yours	

2. 英語の顔文字（Emoticon）

顔文字は非言語コミュニケーションの手段として重要な役割を果たします。英語でのEメールの顔文字は、日本語と違い横向きになっています。例えば、日本語で笑顔は（^_^）とか（^0^）ですが、英語ではコロンとハイフンとカッコを利用して :-) とかコロンとハイフンと大文字のDを使って :-D となります。日本語で不機嫌な顔は（-_-#）ですが、英語は :-(です。他の英語の顔文字も見てみましょう。

米・英版	意味	日本版
:-) :)	うれしいよ！	(^ー^)　(^ ^)
:-D :D	わっはっはっ	(^0^)
;-) ;)	ウィンク	(・ー<)
:-0	驚いた！	(*ー*)
>:-C	怒ったぞ！	(ーー；)
:-／	あやしいな〜	(；¬__¬)
:-(:(	悲しい／不機嫌だ	(；__；)　(-_-#)
:-@	わ〜お！	(゜ ○゜)
:-x :X	お口にチャックして	(￣≠￣)
8-)	メガネかけてます	┏◎-◎┓
:-))	二重あご	
<3	ハート	

3. 英語の擬音語・擬態語

　英会話を学ぶときにけっこう苦労するのが擬音語・擬態語です。たとえ英語で擬音語・擬態語が聞き取れたり読めたりしても、それが具体的にどういうイメージを持つ言葉なのか、日本語ではどの擬音語・擬態語に当たるのか困惑するときがありませんか。ここでは、数多い英語の擬音語・擬態語の中から、主なものをいくつか紹介します。イラストを参考にそれぞれのイメージをとらえましょう。

Splash! パシャッ!

TIPS：水溜りの水などがはねる音です。ディズニーランドのアトラクションにスプラッシュマウンテン（Splash Mountain）がありますね。乗り物が水に勢いよく突っ込んで水しぶきを上げるイメージです。

Squeak! キーッ!

TIPS：物と物がこすれ合いきしむような音です。ネズミがチューチューなく声でもあります。自動車が急にブレーキをかけて止まる時に鳴る大きな音は screech と言います。

コミュニケーションが円滑になる!
学校では教えてくれない3つのこと

Vroom! Vroom! ブルン、ブルン

Zoom! ブーン!

TIPS：自動車のエンジンの音です。日本語とよく似ていますが、英語はBの音（破裂音—両唇を合わせる音）ではなくVの音（摩擦音—上の歯と下唇を擦らせる音）になります。

TIPS：猛スピードで車が走ったり飛行機が上昇したりする音です。「ズームイン」とか「ズームレンズ」というときにも使う単語です。swooshとも言います。弾丸やボールが飛ぶ音でzip（ビューン!）という言葉もあります。

Rattle! Rattle! ガタガタ!

Spritz! シュッ!

TIPS：引き出しがかたくてなかなか開かずに机がガタガタ揺れたり、自動車がでこぼこ道をコトコト走ったりするときの音です。rattlesnakeと言えば「ガラガラへび」のことです。

TIPS：スプレーなどで液体をシュッと振りかける音です。飲み物にサッと炭酸水を入れるようなときにも使います。

| コミュニケーションが円滑になる!
学校では教えてくれない3つのこと

Whap! バシッ!

TIPS：例えば殴り合いで相手をたたくときの音です。Whop！ともつづります。「ドカーン！」とか「ガーン！」など強い衝撃音を表すのにWham！という言葉もあります。

Gulp! ゴクッ!

TIPS：飲み物をぐっと飲むこと、またはその音を表します。また、「ゴックン」とか「ドキッ」のように息を飲む音でもあります。

Bonk! ゴツン!

TIPS：「ゴツン」とか「バーン」のように、人に本などを投げつけたり、ボールが飛んできてぶつかるときの衝撃音です。powという言葉もあります。鉄砲を撃つ音や激しくたたく音はbangです。

Crash! ガッシャーン!

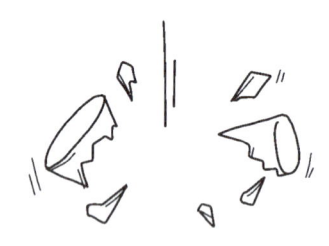

TIPS：窓ガラスなどが粉々に割れるすさまじい音です。「(自動車が) 衝突する」とか「(飛行機が) 墜落する」という動詞でもあります。

INDEX

0-9
- 24/7 ·········· 37
- 911 ·········· 66

A
- a piece of cake ·········· 149
- a set of wheels ·········· 54
- a whole lot ·········· 144
- adorable ·········· 152
- aka ·········· 123
- all ears ·········· 88
- all thumbs ·········· 130
- all tied up ·········· 13
- aloha Friday ·········· 11
- asap ·········· 9
- asleep ·········· 159
- athlete's foot ·········· 117
- attaboy ·········· 95
- awesome ·········· 146

B
- bad news ·········· 119
- bash ·········· 73
- bear ·········· 17
- beat ·········· 160
- beer belly ·········· 116
- Big Apple ·········· 172
- big deal ·········· 147
- Big Island ·········· 173
- bigmouth ·········· 129
- big shot ·········· 12
- binge ·········· 75
- birdbrain ·········· 129
- blab ·········· 86
- blind date ·········· 104
- blow ·········· 134
- booze ·········· 70
- bossy ·········· 155
- bottom ·········· 89
- bottoms up ·········· 73
- bouncer ·········· 75
- brag ·········· 137
- bratty ·········· 156
- broke ·········· 44
- buck ·········· 45
- buckle up ·········· 57
- buddy ·········· 81
- bug ·········· 138
- bummer ·········· 103
- bumpy ·········· 59
- bundle ·········· 49
- burp ·········· 131
- bust ·········· 63

INDEX

but ················· 23
butt ················ 115
butt in ··············· 89
buzz ················ 78
BYOB ··············· 74

C cab ················· 57
caboose ············· 26
caper ··············· 61
carpool ············· 56
catch ··············· 180
catchy ·············· 165
caught short ········ 52
chaperone ·········· 22
character ··········· 126
cheat ··············· 109
cheesy ············· 39
chip in ·············· 47
chit-chat ············ 83
chocoholic ·········· 34
chopper ············· 58
chubby ············· 158
classy ·············· 38
clobber ············· 186
clotheshorse ········ 177

C clumsy ············· 151
combo ············· 15
cop ················ 64
copycat ············ 119
corny ·············· 160
cosplay ············ 178
couch potato ······· 118
cover charge ······· 33
cozy ··············· 167
crack ·············· 79
crack down ········· 65
cranky ············· 151
crappy ············· 39
creepy ············· 164
crisscross applesauce ······ 27
crush ·············· 106
crystal clear ········ 169

D damage ············ 47
different animal ····· 114
dime ··············· 46
dinky ·············· 168
doggy bag ·········· 35
dos and don'ts ······ 22
down under ········· 173

194

INDEX

drag queen 124
dropout 21
dude 124
dumb 163
dying 102

E eager beaver 125
eeny meeny miny moe 26
emoticon 87
ex 109
ex-con 65

F fad 38
fake 136
fast one 85
fave 181
fight off 140
fishy 165
fix 184
flashy 40
flat 30
flirt 107
folks 79
forty winks 118
freak out 98
freeloader 52

fruitcake 125
fussy 180

G gab 77
gaga 178
game 81
gas up 56
geek 179
get ticketed 55
ghetto 175
gibberish 25
give ～ a pat on the back .. 132
go-ahead 12
God's gift 110
gold digger 122
good sport 123
goodies 32
goof 132
gosh 93
gotcha 94
grab 31
grand 44
green 170
gross 164
grumpy 100

INDEX

H
- hack it ... 133
- handy ... 157
- hang ... 8
- hangdog ... 99
- hang in there ... 183
- hang out ... 82
- hangover ... 72
- hassle ... 17
- have a ball ... 74
- have it made ... 15
- hectic ... 13
- hickey ... 108
- hilarious ... 166
- hit ... 60
- hit home ... 101
- hit me again ... 76
- hit the ceiling ... 99
- hog ... 139
- hogwash ... 78
- hooked ... 179
- humongous ... 144
- hunch ... 88
- hurray ... 92
- hustle and bustle ... 60

- hyper ... 100

I
- icky ... 34
- ID ... 68
- if ... 83
- ins and outs ... 147
- iron out ... 90
- itch ... 102

J
- jaywalk ... 59
- jerk ... 120
- jot down ... 133
- jump to conclusions ... 85

K
- kaput ... 161
- keep tabs ... 68
- kick ... 182
- kiddo ... 93
- kill ... 101
- kinda ... 145
- kinky ... 158
- kleenex ... 41
- knockout ... 110
- knuckle sandwich ... 61
- kooky ... 156
- kudos ... 18

L
- LA ... 172

INDEX

	lame ··············· 162		nitty-gritty ··············· 16
	last say ············· 14		nope ··············· 92
	leery ··············· 157		nuke ··············· 28
	lemon ··············· 36	**O**	odds and ends ········· 150
	limo ··············· 58		off-color ············ 167
	loaded ············· 48		on the ball ············ 10
	long face ············ 115		on the same page ······ 82
	lose ～ shirt ········ 50	**P**	pal ··············· 80
	louse up ············ 90		peekaboo ············ 27
	lousy ··············· 185		penny pincher ········ 128
M	make a play ········ 111		pep talk ············ 84
	midterms ············ 20		pervert ············ 127
	moviegoer ············ 176		phony ············ 40
	mug shot ············ 67		pick up ············ 48
	must-see ············ 176		pick up the tab ······ 36
	my bad ············ 95		pissed off ············ 98
	my cup of tea ······ 177		plastic ············ 45
N	narc ··············· 62		poor thing ············ 94
	nasty ··············· 161		pop ··············· 35
	neat ··············· 153		pot ··············· 64
	nick ··············· 149		potluck ············ 70
	night owl ············ 121		prankster ············ 23
	nippy ··············· 163		pricey ············ 46
	nitpick ············ 141		prom ············ 19

INDEX

	puke ··· 130	S	sell like hot cakes ··· 42
	pull over ··· 55		shabby ··· 41
	pull stunts ··· 141		shake off ··· 131
	pup ··· 114		shopaholic ··· 37
	put on airs ··· 137		showdown ··· 186
R	rack ~ brain ··· 136		shuteye ··· 117
	rain check ··· 77		sissy ··· 121
	rake it in ··· 50		sitcom ··· 181
	rebound girlfriend ··· 104		skip ··· 20
	recap ··· 18		sky-high ··· 148
	red-eye ··· 174		sleep on it ··· 139
	red-light district ··· 63		slob ··· 126
	ring a bell ··· 91		sloppy ··· 134
	rip ~ off ··· 66		smooch ··· 105
	root ··· 184		snuggle ··· 105
	run around like a chicken with its head cut off ··· 16		social butterfly ··· 107
S	sack ··· 9		soggy ··· 30
	sappy ··· 103		sore loser ··· 185
	sassy ··· 166		space out ··· 135
	scalper ··· 62		spelling bee ··· 19
	scarf down ··· 28		spill the beans ··· 84
	scooch ··· 140		split the bill ··· 49
	screw up ··· 138		splurge ··· 51
			spooky ··· 162

INDEX

S
- square peg in a round hole ··· 10
- squeal ··· 24
- stag party ··· 71
- stick around ··· 135
- sticky ··· 168
- street smart ··· 152
- stuck-up ··· 154
- studio ··· 24
- stuff ··· 25
- stunning ··· 153
- suck ··· 146
- sucker ··· 122
- sweep ··· 183

T
- tailgate ··· 54
- take ~ to the cleaner's ··· 51
- teeter ··· 71
- text ··· 87
- TGIF ··· 8
- thumbs-up ··· 86
- tie the knot ··· 108
- tipsy ··· 72
- tix ··· 174
- to a T ··· 148
- to go ··· 33

T
- top brass ··· 14
- TV dinner ··· 29
- two peas in a pod ··· 120
- typo ··· 21

U
- under the table ··· 67
- under the weather ··· 159

V
- vacay ··· 175
- veggie ··· 29

W
- weirdo ··· 127
- wimp ··· 128
- wind ··· 80
- windfall ··· 53
- wishy-washy ··· 154
- womanizer ··· 106
- workout ··· 116

X
- xerox ··· 11
- X-rated ··· 182

Y
- yucky ··· 31
- yummy ··· 32
- yup ··· 91

Z
- zany ··· 169
- zillion ··· 145

★ 著者紹介

山崎 祐一 Yuichi Yamasaki

長崎県出身。カリフォルニア州立大学サンフランシスコ校大学院修士課程修了（英語教育学修士）。現在、長崎県立大学教授。専門は英語教育学、異文化間コミュニケーション。国際家族に育ったため言葉と文化が不可分であることを痛感。アメリカの大学で講義を9年間担当。教育、国際交流、音楽、宗教、防衛など多岐の分野における通訳業務の経験も活かし、これまでに担当した専門分野に関する講演や講座は550回を超える。TSE（Test of Spoken English）スピーキング・発音部門満点、TWE（Test of Written English）満点。著書に『英会話の教科書』（Jリサーチ出版）、『サンセット大通り』共著（フォーイン スクリーンプレイ事業部）。

カバーデザイン	滝デザイン事務所
本文デザイン／DTP	株式会社　創樹
イラスト	イクタケマコト

J新書⑲

絶対使えるカジュアルイングリッシュ

平成23年（2011年）8月10日　　初版第1刷発行

著　者　山崎祐一
発行人　福田富与
発行所　有限会社　Jリサーチ出版
　　　　〒166-0002　東京都杉並区高円寺北2-29-14-705
　　　　電話 03 (6808) 8801 (代)　FAX 03 (5364) 5310
　　　　編集部 03 (6808) 8806
　　　　http://www.jresearch.co.jp
印刷所　（株）シナノ パブリッシング プレス

ISBN978-4-86392-069-9　禁無断転載。なお、乱丁・落丁はお取り替えいたします。
Copyright© 2011 Yuichi Yamasaki All rights reserved.